Eleonore Weindl / Joachim Klumpp
und Mitarbeiter im „Gestalt-Archiv Hans Herrmann“

Grafische und malerische Techniken

Bildnerischer Unterricht in Grund- und Hauptschule

R. Oldenbourg Verlag München

PRÖGEL PRAXIS 175

In diesem Buch über grafische und malerische Techniken sind die zum Teil jahrzehntelangen Erfahrungen von Mitarbeitern aus dem Arbeitskreis im *„Gestalt-Archiv Hans Herrmann“* zusammengefaßt, der auch die Zeitschrift *„Die Gestalt“* herausgibt.

Die theoretischen Grundlagen stammen aus der fünfzigjährigen Forschungsarbeit *Hans Herrmanns* auf dem Gebiet der Kunsterziehung.

Für die wertvolle Mitarbeit an diesem Buch danken wir vor allem *Brigitte Wintergerst, Annelies Klingl und Robert Reindl.*

1. Auflage 1993

Lektorat: Georg Weigand, Sylvia Bernard-Dronia
Herstellung: Fredi Grosser
Satz: Schneider Druck GmbH, Rothenburg ob der Tauber
Druck und Bindung: EOS Verlag, Erzabtei St. Ottilien
Umschlagkonzeption: Mendell & Oberer, München
Umschlaggestaltung: Fredi Grosser

ISBN 3-486-**98635**-X

Inhaltsübersicht

Vorwort

Wenn Kinder erzählen, dann tun sie das in ihrer eigenen Sprache, je nach Alter, zunächst einfacher und bald schon etwas reicher. Das ist für den Pädagogen selbstverständlich. Warum sollte dies im Zeichnen anders sein?

Auch zeichnende und malende Kinder äußern sich in Bildern mehr oder minder einfach. Aber wie sie in der Sprache vom Lehrer unterstützt werden müssen, so auch beim Zeichnen und Malen. Was der Erzieher tun muß, ist nicht schwer. Er darf kein bloßes Gekritzel hinnehmen. Jeder gezeichnete Strich und jede farbige Form müssen etwas bedeuten: Der Baum hat Äste, der Ast Blätter, Blüten oder Früchte; Vögel haben Schnäbel, Augen, Federn; Fische tragen Schuppen und Flossen; Wasser zeigt Wellen; die Wiese hat Gräser und Blumen. Die menschliche Gestalt besteht aus Kopf und Rumpf mit einem Hals dazwischen und ihren Gliedmaßen.

Bei dieser bildnerischen Anleitung geht es weder um Kunst noch Geschmack oder Ästhetentum. Bereits in den allerersten Zeichnungen erfaßt das Kind die allgemeinen Grundzüge der Dinge und bildet sie klar, d.h. im Anschaulichen einheitlich aus. Die frühen einfachen Formen bleiben auch der Kern aller späteren Verfeinerung; sie sind keineswegs „unnatürlich", sondern nur einfach.

Im Unterschied zu den starren, schematischen festgefahrenen Formen, die auch heute noch zum Abzeichnen angeboten werden, sind die kindgemäßen echten Formen entwicklungsfähig. Wenn der Lehrer die Kinderzeichnung versteht und mit rechten Worten fördert, sieht er, wie liebevoll bemüht, originär und auch individuell die Kinder arbeiten. Für den Pädagogen ist es eine entscheidende Erkenntnis, wenn er wahrnimmt, daß das zeichnende Kind den Sinngestalten der sichtbaren Wirklichkeit nahekommt, ohne sie nachzuahmen.

Jeder Arbeit soll ein kurzes Unterrichtsgespräch vorangehen, das dem Schüler hilft, sich eine klare Vorstellung zu bilden von dem, was er zeichnen soll: zuerst die Hauptsache groß auf das Blatt und dann erst die Nebensächlichkeiten; alles so, daß jede gezeichnete Form klar verständlich bleibt und durch andere nicht gestört wird. Das ist nämlich der sachliche Grund für das Nebeneinander und die dichte Fülle mehrfiguriger Darstellungen von Kinderhand. Die einzelnen Schüler bedürfen auch während der Arbeit des Beistandes. Dies ist keine Gängelung. Kinder fühlen sich nämlich um so freier, je mehr der Lehrer ihnen sachliches Rückgrat gibt. Statt vieler flüchtiger Malereien ist es besser, weniger aber bildhaft ergiebige Arbeiten zu machen.

Durch behutsame, geduldige, dem Kind angemessene Führung wächst in ihm Selbstvertrauen und das Gefühl, etwas Eigenes geschaffen zu haben.

Die bildnerischen Techniken werden kurz theoretisch (Aufgabe, Ziel) beschrieben und anhand genauer Angaben zu Material und Anwendung an zahlreichen Bildbeispielen dargestellt. Zuerst zeigen die Autoren zeichnerische Techniken auf, die vom Blei- und Farbstift über Feder und Kreide bis zum Prägen in Metallfolie führen.

Druckarten (Linolschnitt, Kordeldruck, Tiefdruck usw.), Zierschriften oder Scherenschnitte veranschaulichen die große Bandbreite der grafischen Techniken.

Mosaiktechniken (Pinsel, Kartoffel, Papier), Maltechniken (Batik, Hinterglasmalerei usw.) und Schablonendruck runden die bildnerischen Techniken ab.

Jeder Erzieher wird selbst entscheiden können, welche Techniken er anwendet, und wie weit er sie vertieft. Je nach Klassenstärke, Stundenzahl und Auffassungsgabe der Schüler sind der Experimentierfreude keine Grenzen gesetzt.

Schondorf, im Herbst 1992

Eleonore Weindl
Joachim Klumpp

I. Prinzipielles über bildnerische Techniken

Ein praktisch tätiger Lehrer weiß aus Erfahrung, daß er seine Schüler im bildnerischen Unterricht neu motivieren kann, wenn er sie mit einer *neuen bildnerischen Technik* vertraut macht. Der Grund dafür mag im Reiz des Neuartigen liegen. Allerdings sollte der Lehrer sich nicht dazu verleiten lassen, innerhalb kurzer Zeit in zu vielen Techniken zu experimentieren. Um die bildnerischen Gestaltungskräfte zu fördern, sollte man den Schülern Gelegenheit geben, bei einer Technik längere Zeit zu verweilen, damit sie darin Erfahrungen sammeln und auch bildnerisch wachsen können. Das schenkt Sicherheit und Selbstvertrauen.

Der formstrebende Geist muß zwar verschiedene technische Fähigkeiten erwerben, darf sich aber beim Gestalten nicht auf manuelle Geschicklichkeit beschränken. Aus diesem Grund sollten die Schüler technische Fertigkeiten immer nur *bei der Gestaltung eines konkreten ganzheitlichen Bildgegenstandes üben.* Abgetrennte inhaltlose Übungen mit „Punkt, Linie, Fläche" bewirken, daß die Schüler routiniert, kalt und empfindungslos zeichnen, und so zwangsweise nur Arbeiten ohne echte bildnerische Qualität entstehen. (Der Unterschied zwischen lebendiger Gestaltung und kalter Routine ist auf den beiden Scherenschnitten, Abb. 1 und 2 zu sehen.) Die bei solchen abgetrennten grafischen Etüden sich manchmal einstellenden ästhetisch reizvollen abstrakten Grauwerte, Kontraste und Spannungen ergeben zwar grafische, aber fragwürdige Effekte, die nicht zum gestaltenden Schaffen gehören.

Über alle Techniken hinaus muß ein Lehrer, der einen guten bildnerischen Unterricht geben will, das kindliche Gestalten prinzipiell verstehen, wie es sich vom Allgemeinen zum Besonderen entfaltet. Die Kenntnisse darüber bewahren ihn davor, die Eigenart der frühen einfachen Gestaltungen als Fehler oder Ergebnis ungenauer Beobachtung bzw. technischer Unbeholfenheit zu mißdeuten. Gerade heute ist es notwendig, die originäre Kinder- und Jugendlichenarbeit vor der Flut negativer Bildeinflüsse zu schützen, mit der die Medien die kindliche Bilderwelt überschwemmen.

Abb. 1 Lebendige Gestalt

Abb. 2 Routinearbeit

II. Grafische Techniken

1. ZEICHNERISCHE TECHNIKEN

Eine der am meisten ausgeübten grafischen Techniken ist sicher das *Freihandzeichnen.* Deshalb erscheint es notwendig, die Probleme dieser Technik genauer zu betrachten.

Über das Linieren
In der Freihandzeichnung ist das Linieren eine immer noch verbreitete Unsitte, die schlimmer wirkt als der sorglose Lehrer annimmt. Ganz abgesehen davon, daß beim Linieren das Gerade-Striche-Ziehen ebensowenig gelernt wird, wie beim freiwilligen Benützen von Krücken das Gehen, wird durch das Linieren das Zeichnen fast verhindert.
Der *linierte Strich* ist nämlich die gerade mathematische Verbindung zwischen zwei Punkten und gehört in die *Geometrie;* der *freigezeichnete Strich* grenzt die Form ein und gehört ins *Zeichnen.*
Was geht eigentlich vor, wenn ein Kind frei einen Kaufladen zeichnet (Abb. 3)? Es lenkt die Hand geradeaus, so gut es vermag, und verfolgt wachen Auges Strich für Strich, setzt alle so zusammen, daß einer zum anderen paßt, und daß aus dem Zusammenstimmen aller der gewollte Gegenstand – hier ein vielteiliges Schubladenfach – aus gleichen Elementen zusammengesetzt, ersichtlich wird. Der Strich umrandet jeweils nur die gemeinte Form. Für sie ist er da als Begrenzungslinie, er selbst hat keine Eigenbedeutung.
Anders in Abb. 4! Die am Lineal entlang gezogenen Striche sind abstrakt mathematischer Natur, und sie zeigen dies deutlich. Ihr Sinn ist nicht Formeingrenzung und Formdarstellung, sondern die Verbindung zweier Punkte

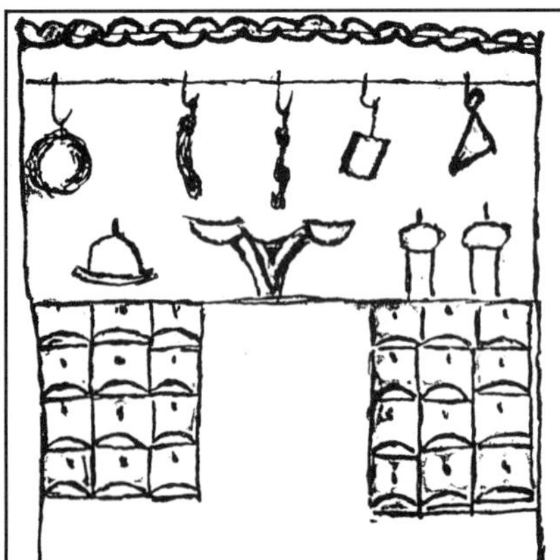

Abb. 3 Formschaffendes Zeichnen

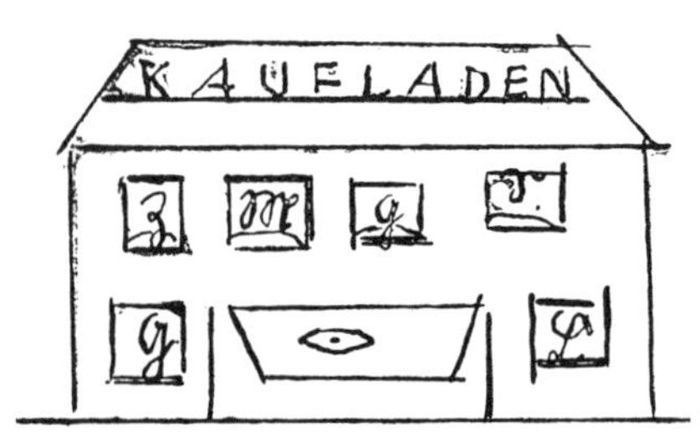

Abb. 4 Sinnloses Linieren

auf dem kürzesten Weg. Diese glattgezogenen Striche „wissen“ nichts von dem Gegenstand, zu dessen Verbildlichung sie angeblich dienen. Das Lineal wurde so etwa angelegt, der Bleistift glitt, ritsch und ratsch, daran entlang, setzte zu früh oder zu spät ein, so daß nicht einmal ungefähr eine umrandende Form zustande kam. Geradezu grotesk unterschiedlich verzerrt sind die gleichgemeinten Fächer.

Über das „Auszeichnen“

Ebenso sinnwidrig wie das Linieren ist das Nachfahren einer vielleicht etwas undeutlich hingezeichneten Form, das sog. „Auszeichnen“. Durch diese Übung werden oft die lebendigsten Arbeiten zerstört und mechanisiert. Es ist ja leicht einzusehen, daß der Formwille nur da zum Ausdruck kommt – und damit der bildnerische Wert entsteht –, wo der Strich nicht um seiner selbst willen gezeichnet wird, sondern wo er dazu dient, eine innerlich erlebte Form *sinnfällig* zu machen. Die *schöpferische Anspannung* ist bei der ersten Niederschrift fast immer vorhanden, bei der Nachzeichnung aus Gründen der Deutlichkeit und Sauberkeit fast nie mehr.

Eine nähere Betrachtung der Abb. 5 mag das Gesagte verdeutlichen. Links ist ein Beispiel für die Abtötung der Form durch Auszeichnen. Im Gegensatz dazu sehen wir rechts eine leicht, aber bestimmt hingesetzte Bleistiftzeichnung. Es ist verständlich, daß die Grenzlinie, welche in geistiger Spannung erster Formfindung entsteht, das Gemeinte sinnbildkräftig umfaßt, daß dagegen die teigig ziellosen Striche, mit denen die formgebende erste Zeichnung mechanisch überfahren wird, ohne die zwingende Bildkraft sind, welche Form ja ausmachen. Das „Auszeichnen“ sollte also verhindert werden!

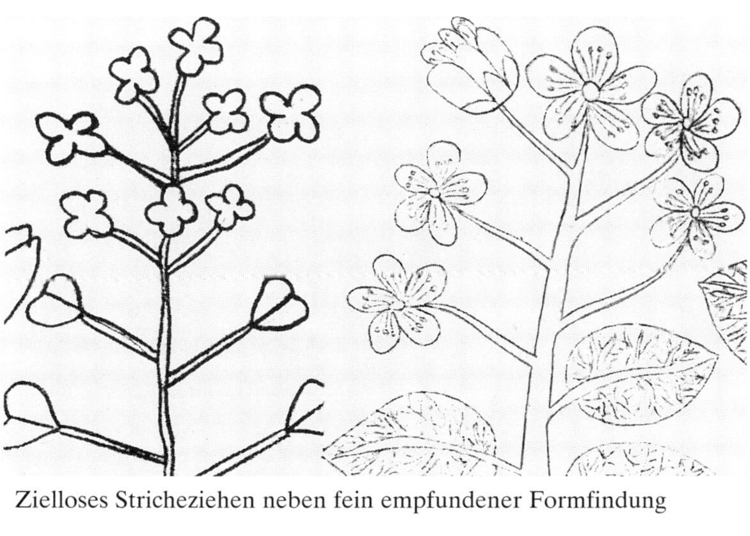

Abb. 5 Zielloses Stricheziehen neben fein empfundener Formfindung

Zum „Schattieren"

Mit diesem Wort ist oft etwas gemeint, das im Zeichnen fast immer nur zu wertlosen Scheinergebnissen führt. Ältere Schüler schattieren, anstatt etwas markant darzustellen, mit schummrigen oder auch gezackten Strichen und glauben, dadurch Gewandtheit und Künstlerempfinden auszudrücken. Dem muß der Lehrer entgegenhalten, daß man in jedem Falle sehen muß, was gemeint ist: Gras oder Blätter, Sand oder Kies, Rinde oder Fell.

Ein echtes Schattieren ist eigentlich immer ein Modellieren oder Gliedern durch Hell/Dunkel-Unterscheidung. Im nüchternen Sachzeichnen kann es z.B. Hauskanten verdeutlichen, Konkav- oder Konvex-Formen modellieren (etwa bei Gefäßen oder dem Ansatz eines Astes am Stamm, oder dem Übereinandergeschoben-Sein von Fischschuppen oder Vogelfedern).

Ein solches Gestalten mit Hell/Dunkelwerten (Abb. 6a, b, c) spielt erst im differenzierten Sachzeichnen der älteren Schüler eine Rolle.

Wirklich beobachtete Schatten sollen in keinem Fall gezeichnet werden.

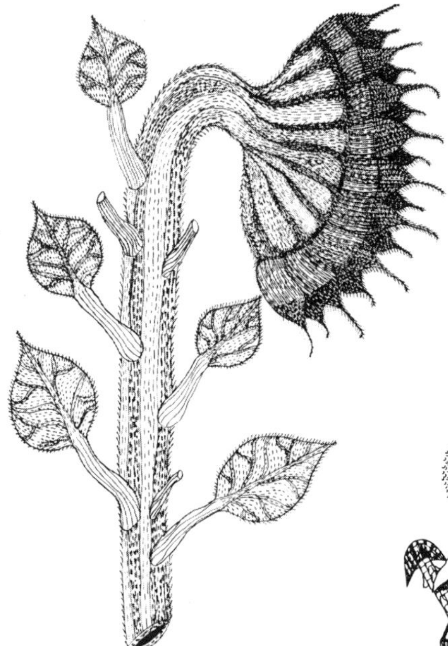

Abb. 6a 8. Schj.

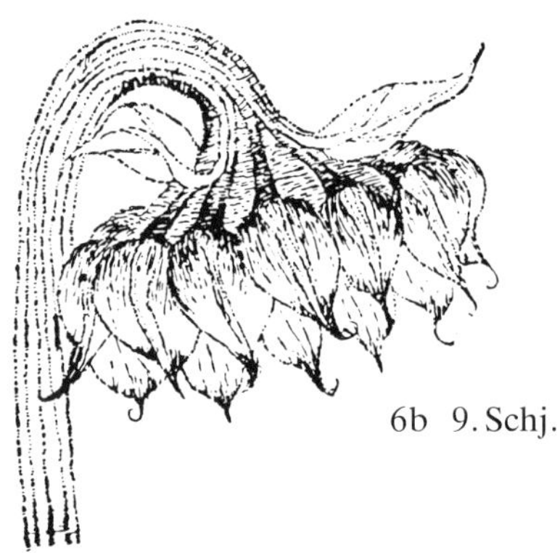

6b 9. Schj.

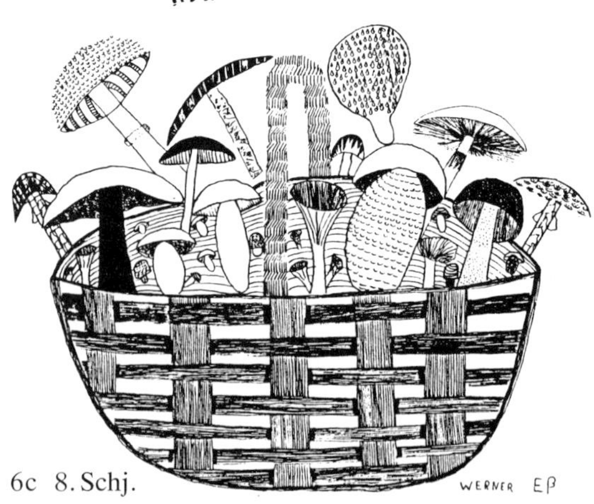

6c 8. Schj.

Räumliches Zeichnen
Räumliches Zeichnen und Perspektive sind nicht das gleiche!
Räumliches Zeichnen ist notwendig und leicht, weil es im echten Schaffen des Kindes schon anklingt. Es stellt Züge des Gegenstandes und am Ende auch den Gegenstand zeichnerisch so dar, wie sie sind. *Perspektive* braucht man fast nie – sie ist Spezialistensache! Sie ist überaus schwierig, muß geometrisch konstruiert werden und baut nicht auf dem echten Zeichnen der Jugend auf. Ferner gibt das Perspektivebild den Schein, die Erscheinung von einem gewissen Punkt aus wieder und bildet alle Verzerrungen und sonstige, dem Betrachter lästige, Mängel des einen Anblicks ab.
Entwicklung des räumlichen Zeichnens (Abb. 7)
Kleine Kinder geben die Form eines Hauses nur in Höhe und Breite an (a). In der weiteren Entwicklung setzen sie an das eine Stück (die „Giebelseite") das andere (die „Langseite") einfach an, schildern aber nicht deren räumlich verschiedene Lage (b). Dann kommt, etwa im 4./5. Schuljahr, die Zeit des eigentlich räumlichen Zeichnens, wenn nämlich das „Um-die-Ecke-herum" der bisher nur „aneinandergehängten" Seiten des Hauses ausgedrückt wird. Da dies ein entscheidender und nicht leicht fallender Schritt ist, zu dem auch Anregung und Hilfe des Lehrers nötig sein kann, bleiben zunächst Einzelheiten in der Zeichnung c) wie Fenster, Kamin, rechte Hauskante usw. zurück und werden noch nicht in den Gesamt-Zusammenhang eingebunden. Doch wächst im Laufe der Zeit die Spannkraft, die es ermöglicht, die ganze Zeichnung raum-lagemäßig zu ordnen; es kommt dann zu einer Darstellung wie in d), bei der, wohlgemerkt ohne Schaden für die sachliche Deutlichkeit der Zeichnung, immer noch mit dem „Aufriß" begonnen wird, den schon das

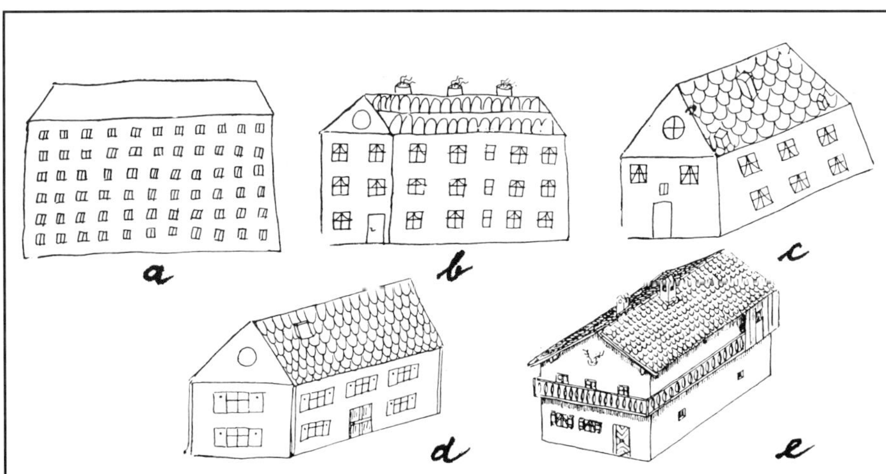

Abb. 7a bis e Entwicklung des räumlichen Zeichnens am Objekt „Haus"

kleine Kind gezeichnet hat. Dieses Fußen-können im Sicheren macht dieses Zeichnen im Grunde leicht. Im Beispiel e) zeigt ein fortgeschrittener Schüler einen weiteren Schritt: Von Anfang an sind beide Seiten räumlich in die Tiefe geführt. Doch es gibt auch hier kein perspektivisches „Zusammenlaufen" der Linien!

Der wichtigste Grundsatz ergibt sich aus dem sachgemäßen Prinzip „zeichnen, wie es *ist,* und nicht wie es *scheint".* Er lautet: Alles, was in der Wirklichkeit gleich liegt, soll auch in der Zeichnung die gleiche Lage haben.

Folgerung hieraus: Es entfällt das absichtliche Beobachten von scheinbarer Lage- und Winkelveränderung durch die optische Verzerrung, ebenso fällt das Beobachten von perspektivischen Verjüngungen und scheinbarem Kleinerwerden nach rückwärts weg.

Kindgemäßes Zeichnen im Sachunterricht

In der Grundschule ist es möglich und auch notwendig, bildnerisches Schaffen im sogenannten Fach „Kunsterziehung" und im Sachunterricht nach gleichen Prinzipien zu unterrichten. Beide Fächer sind deshalb beim Zeichnen eng miteinander verflochten. Es gibt nämlich im Grunde nur *ein Zeichnen,* und das unbefangene Kind meint die gezeichneten Formen immer sachlich, gleich, ob der Gegenstand aus dem mehr nüchternen oder dem mehr musisch-phantasievollen Bereich stammt. Ersterer spielt eine umso größere Rolle, je älter die Schüler sind. – Eine Ausnahme bilden einzelne Schemazeichnungen, die Sachverhalt wie Raumlage erklären, sowie Grundrisse, Pläne oder Querschnitte, die teilweise zur Geometrie gehören.

Wenn der Lehrer das Sachzeichnen von Grund auf richtig versteht, kann er durch kluge Themenauswahl den Sachkundeunterricht beleben und fördern. Die selbständige zeichnerische Tätigkeit des Schülers vertieft seine erkennende Beziehung zum konkreten Gegenstand. Dabei muß sich der das Kind verstehende Lehrer im Zeichnen immer mit weniger begnügen, als er – von der Sache her gesehen – haben möchte: als eine Vertiefung von Qualität, nicht von Quantität. Das Kind kann ja noch lange nicht alles zeichnen, was es sieht; dies gilt auch für ältere Schüler und Erwachsene. Beispiele dafür sind die einfachen, gar nicht botanisch „kompletten", aber botanisch sachlich gemeinten *Illustrationen in alten Kräuterbüchern* (Abb. 8). Bei dieser Zeichnung geht es, wie immer, um die aus allgemeinen einfachen Wesenszügen aufgebaute, unverzerrte, wahre Gestalt.

Wie sehr die Absicht, alles zu zeichnen, was man „sieht und weiß", danebengehen muß, erkennt man beim vergleichenden Betrachten von Abb. 9 und 10: Abb. 9 ist im großen Formzusammenhang aus der Vorstellung gebildet. In Abb. 10 sehen wir den Versuch, alles, was an der Pflanze zu beobachten ist, genau abzuzeichnen.

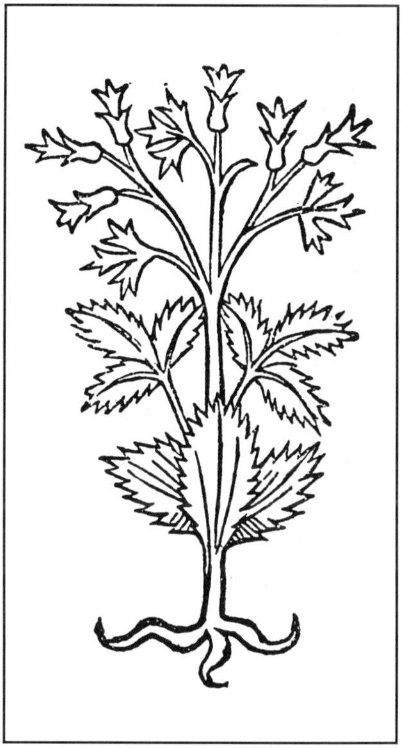

Abb. 8 Aus einem Kräuterbuch, 15. Jh.

Abb. 9 Zeichnung im Formzusammenhang aus der Vorstellung

Abb. 10 Anblicksabzeichnung

1.1 Bleistiftzeichnen

Den Bleistift verwenden die Kinder schon im frühen Alter als Zeichengerät, weil er leicht zu handhaben ist. Die ersten bildnerischen Äußerungen des Kindes sind Kritzeleien und einfachste Zeichnungen. Im Gegensatz zur Wortsprache lernt das Kind die Sprache in bildnerischen Zeichen fast wie von selbst und ohne sich nach Vorbildern zu richten. Durch Letzteres würde sogar die Entfaltung der Bildsprache gestört oder überhaupt verhindert.

Abb. 11 „Der Wald schenkt uns viele Beeren“, Ausschnitt, 1. Schj.

Abb. 12 „Sankt Martin“, 3. Schj.

Im ersten Schuljahr können thematisch begrenzte Sachzeichnungen mit dem Bleistift neben Geschriebenes (Abb. 11) gesetzt werden. Überhaupt sind Themen, die einen kleinen Bildzusammenhang vorgeben, dem Bleistiftzeichnen besser angemessen als ausgebreitete Gebilde.

ZUR TECHNIK

Am besten nimmt man einen Bleistift Nr. 2; er soll gespitzt und nicht zu kurz sein und muß leicht in der Hand gehalten werden. Besonders beim Zeichnen kleiner und ruhender Formen wird der Druck meist zu groß genommen, während zügige Striche wiederum leicht gezogen werden. Einen Ausgleich sollte man langsam anstreben. Das „Auszeichnen" ist in jedem Fall zu vermeiden (s. Abb. 5).

Wenn die Kinder im ersten Schreibunterricht gelernt haben, wie man das Schreibgerät richtig in der Hand hält, dann gibt es beim Bleistiftzeichnen keine technischen Schwierigkeiten. Leider muß man heute weitum feststellen, daß selbst Lehrer es falsch und verkrampft halten.

Einen Radiergummi sollten die Kinder selten und überlegt gebrauchen und wenn, dann einen weichen. Um zu einer besonnenen Zeichenweise zu erziehen, sollte man ihn mitunter ganz weglassen.

Abb. 13 „Max und Moritz", 6. Schj.

„Her damit!! und in den Trichter schüttelt er die Bösewichter." Mit diesen Worten beschreibt Wilhelm Busch in seiner Geschichte die von einem 12jährigen gezeichnete Szene. Obwohl viele Schüler wahrscheinlich die Originalzeichnungen kennen, unterscheiden sich ihre Arbeiten davon beträchtlich. Damit sie gelingen, muß sich der Lehrer Anordnung und Wesensaufbau der Figuren vorher überlegen und mit den Schülern anschaulich besprechen.

1.2 Farbstiftzeichnen

Das bereits über das Bleistiftzeichnen Gesagte trifft in vielen Punkten auch für das Zeichnen mit dem Farbstift zu. Mit ihm können die Kinder in ihren Heften neben Texte aus dem Sachunterricht Zeichnungen im begrenzten Umfang setzen. Der Lehrer sollte darauf achten, daß bläßliches und flüchtiges Anfärben unterbleibt und durch dichte und kräftige Strichführung frische Farbigkeit entsteht. Den Farbstift sollten die Kinder nur für kleine Heftzeichnungen auf glattem Papier verwenden (Abb. 14, 15). Bildnerisch unsinnig ist es, ein Blatt in DIN-A3-Format mit wilder Strichelei zu bedecken. In diesem Zusammenhang sei ausdrücklich gesagt, daß von Anfang an im bildnerischen Gestalten Malen mit Wasserdeckfarben weitaus ergiebiger ist.

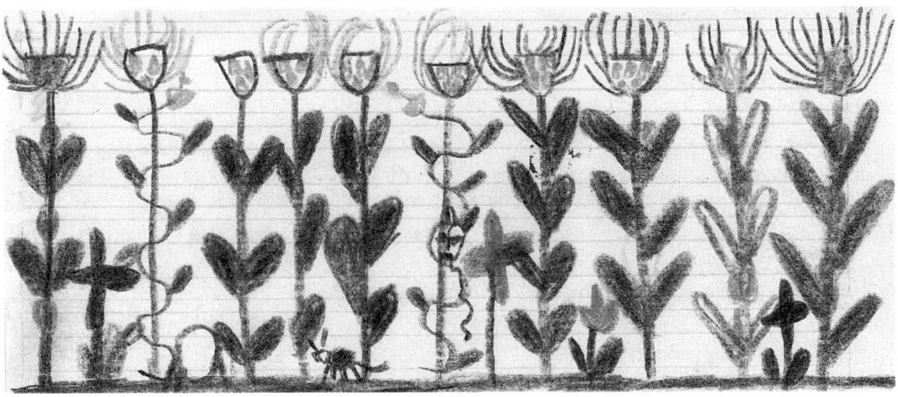

Abb. 14 „Ährenfeld", 1. Schj.

Abb. 15 Ausschnitt aus Sachkundeheft, 2. Schj.

1.3 Zeichnen mit Feder und Füller

Weil die Feder einen deutlich klaren Strich ergibt, wenn man sie richtig benutzt, kann man mit der Technik der Federzeichnung bestimmte Formaufgaben besser erfüllen als mit irgendeinem anderen Werkzeug. Solche Aufgaben sind im bildnerischen Bereich der Schule vorwiegend beim Sachzeichnen zu finden, einem Zeichnen, das zwar Gegenstände enthält, die weniger musisch sind als Blume, Tier und Menschenfigur, das aber ebenfalls zum bildnerischen Gestalten gehört.

Der *Strich mit der Zeichenfeder* ist, auch wenn er relativ dünn gezogen wird, klarer sichtbar als ein gleich dünner Bleistiftstrich und kann dadurch ein Bild größeren Umfangs besser verdeutlichen. Die Federzeichnung verlangt, daß die Form *unmittelbar aus der Federwirkung* geschaffen wird, daß also außer dem Aufbau des Bildgerüstes keine Einzelheiten mit Bleistift vorgezeichnet werden. Bei verständiger Anleitung erfährt der Zeichner, daß er mit der Feder seine Formvorstellungen besser realisieren kann als mit anderen Zeichengeräten und daß manches Gestaltungsthema buchstäblich nach ihr verlangt. Kleinteilige Formen, wie Strukturen auf Fell, Holz oder Fels, Körniges auf einer verputzten Mauer oder Gestein, feine, kurze Haare auf Pflanzen sind überhaupt nur mit der Feder ausreichend sichtbar darzustellen. Sind die Schüler daran gewöhnt, eigenschöpferisch und spontan aus vorgestellten Sachideen heraus zu gestalten, werden sie bei komplexeren Zeichnungen, die ohne Hilfe der Bleistift-Vorzeichnung nicht überblickt werden können, auch nicht ins bloße Nachfahren des Bleistiftstriches verfallen. Vermeiden sollte man Boden- und Baumkronengekritzel, Schattierungen aller Art.

Abb. 16 „Raucher", 6. Schj.

Abb. 17 „Käfer in der kleinen Welt", 9. Schj.

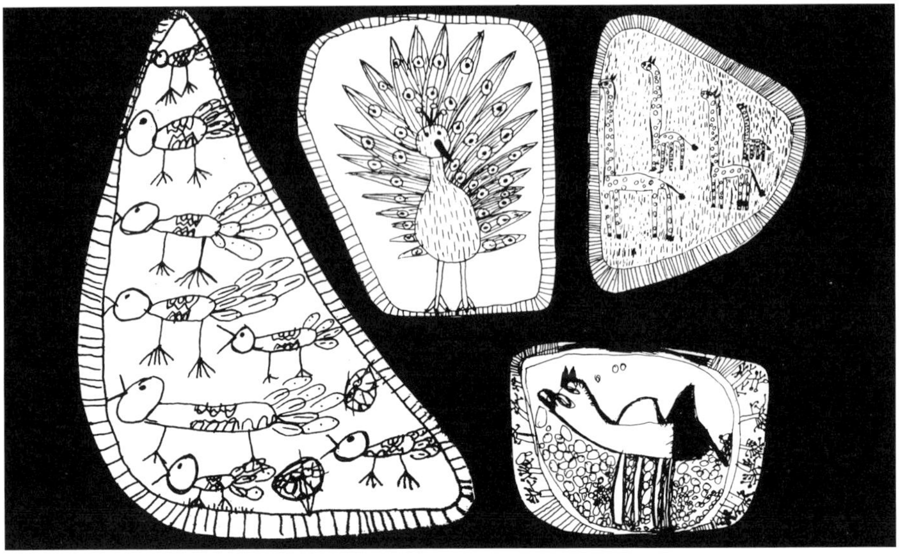

Abb. 18 „Tierpark", Ausschnitt aus einer Gemeinschaftsarbeit, 1. Schj.

Unbedingt sollte der Lehrer darauf hinweisen, daß alle gezeichneten Gegenstände ihr Formgesicht zeigen müssen, auch die ganz elementaren, nicht organischen: Sand, Stein, Fels, Maserung usw. Sie sollen liebevoll und einläßlich gezeichnet werden, einfach oder differenziert, in der jeweiligen formgeistigen Entwicklungslage, – und immer als Sachform gemeint (Abb. 16, 17).
Abgetrennte Übungen – „für sich" - in der Technik des Federzeichnens sind nicht nur überflüssig, sondern schädlich, denn sie unterbrechen die *prinzipiell notwendige Verbindung von einläßlicher Hinneigung zum aufgegebenen Werk* und seiner Gestaltung im spontanen Selbsttun mit den Erfahrungen des Hintastens und Gelingens in der gewählten Technik. Die notwendige technische Geschicklichkeit wird nur beim ursprünglichen individuellen Gestalten zum Gestaltungsbesitz.
Daß es dabei nie um bloße Exaktheit oder um Abzeichnen geht, sollte selbstverständlich sein. Ein bloßes „Spiel mit den bildnerischen Mitteln" führt zu empfindungsloser Arbeit und Dingferne. Es geht eben nicht um Punkt, Strich, Linie und Fläche, sondern um sichtbares Sinngestalten, um Vergeistigung von Strichen und Punkten.
Schon beim einfachen Zeichnen der jüngeren Kinder spielt die Gliederung der Bildgegenstände durch Hell-Dunkel mit der Feder eine wichtige Rolle. Elementare Kleinformen kann der Grundschüler vom Hintergrund oder von benachbarten Formen abheben, so daß eine zwar einfache, aber doch klare Darstellung entsteht.

Abb. 19 „Frühlingsblumen“, 3. Schj.

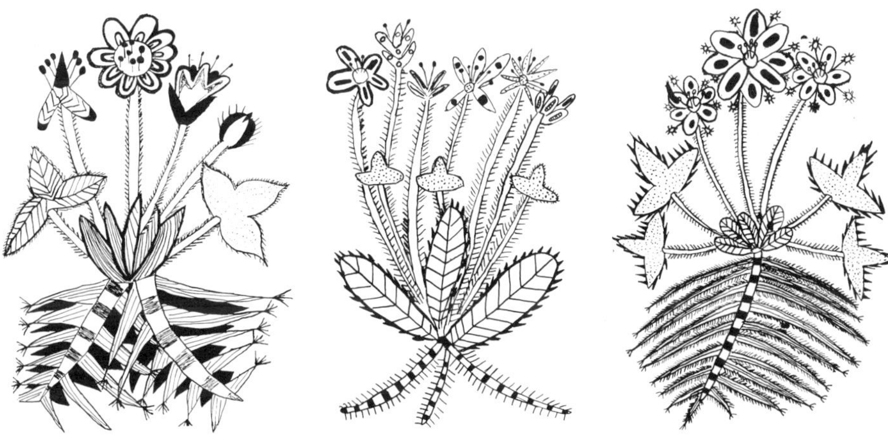

Abb. 20 „Leberblümchen“, 4. Schj.

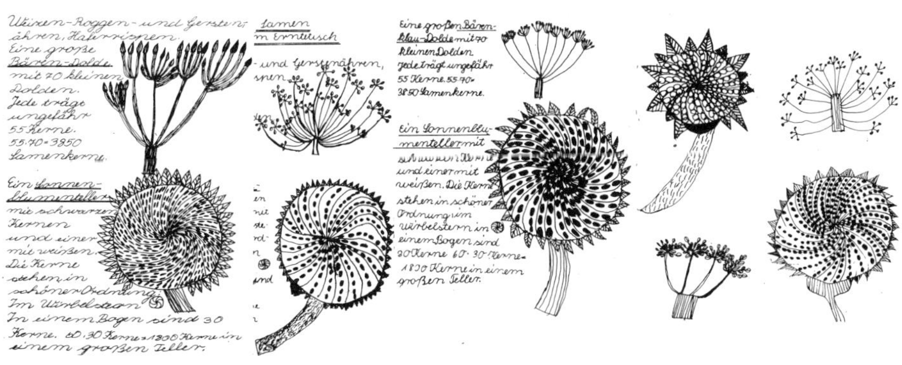

Abb. 21 „Samen und Früchte auf dem Erntetisch“, 4. Schj.

Abb. 23 „Burgen“, 4. Schj.

Abb. 22 „Historischer Brand“, 3. Schj.

Bei älteren Schülern kommt das Problem des Räumlichen im Hintereinander, in Überschneidungen, Rundformen und im Körperhaften dazu. Die dabei benötigten Dunkelheiten sollte der Schüler nicht einfach so setzen, wie er sie da oder dort in der Natur beobachtet hat, sondern mit dem Ziel, den komplexeren räumlichen oder körperlichen Aufbau klar und deutlich zu gliedern. Es darf auch beim Federzeichnen nie um Anblicksabbildung gehen. Schatten und Dunkelheiten sollen bildgerecht sitzen, d.h. nicht entsprechend einem Lichteinfall konstruiert, sondern so, daß sie das Gemeinte in möglichster Klarheit sichtbar zeigen.

Zusammenfassend gesagt: Es geht auch beim Federzeichnen um die Prinzipien bildnerischen Gestaltens, wenn auch in der spezifischen Differenzierung durch die technischen Möglichkeiten.

Abb. 24 „Wobei ich gerne zuschaue“, 14–15 J.

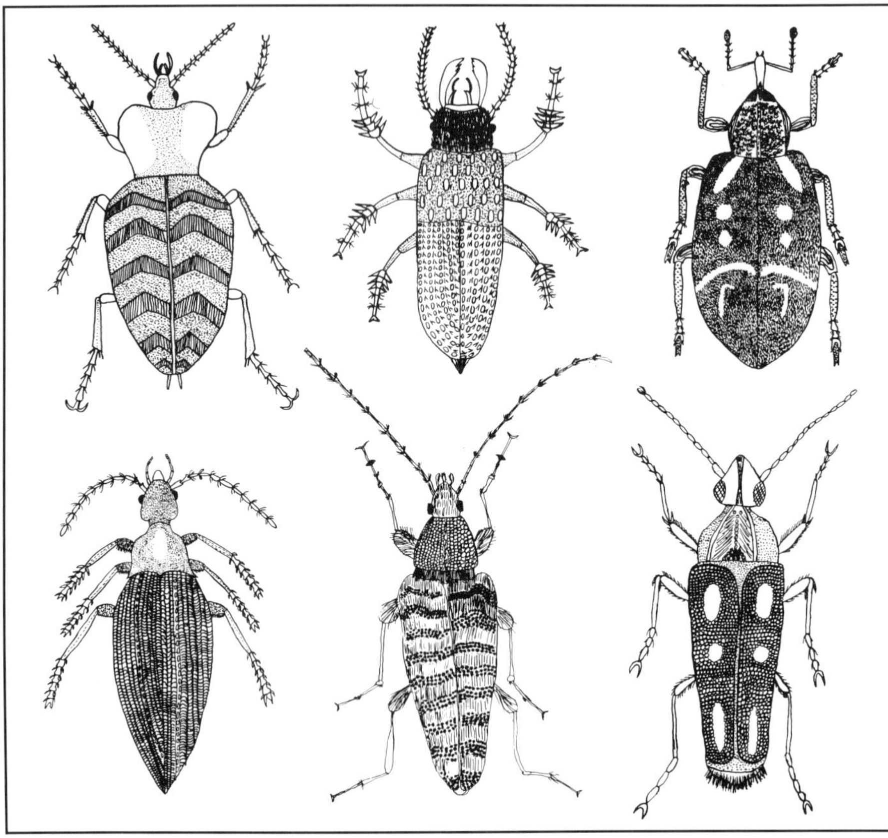

Abb. 25 Käfer, 7. Schj. – Abb. 26 „Die großen Fische fressen die kleinen", 6. Schj.

Abb. 27 Königskronen, 7. Schj. – Abb. 28 Schlitten nach Museumsobjekten, 8. Schj.

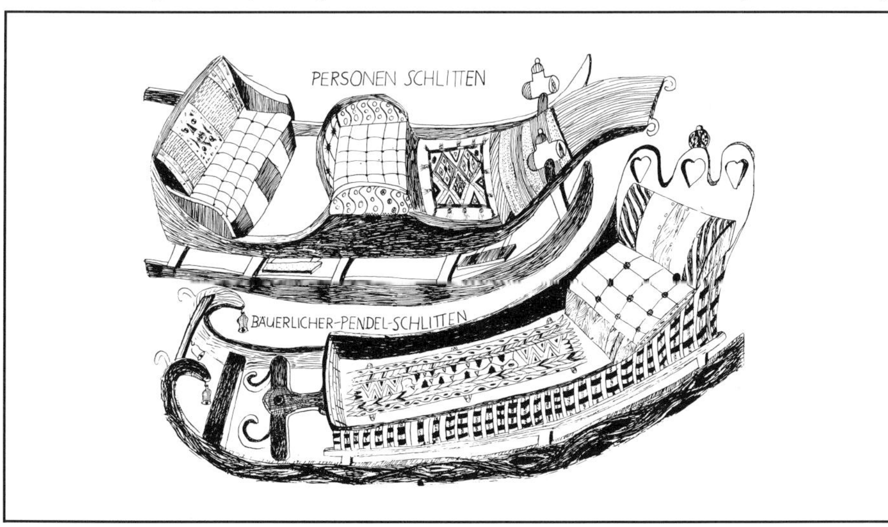

Abb. 29 Kochbuch, Gemeinschaftsarbeit, 6. Schj.

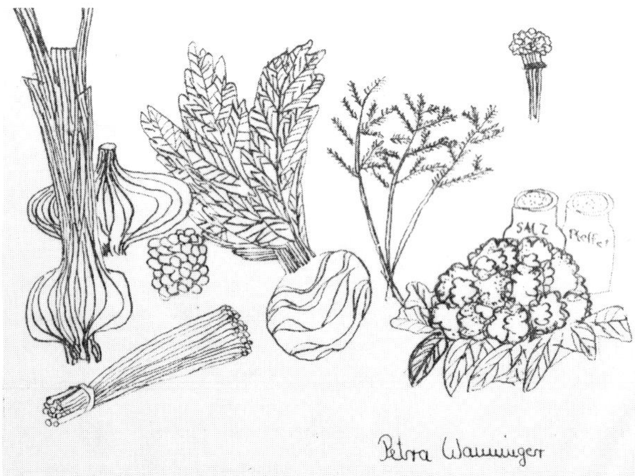

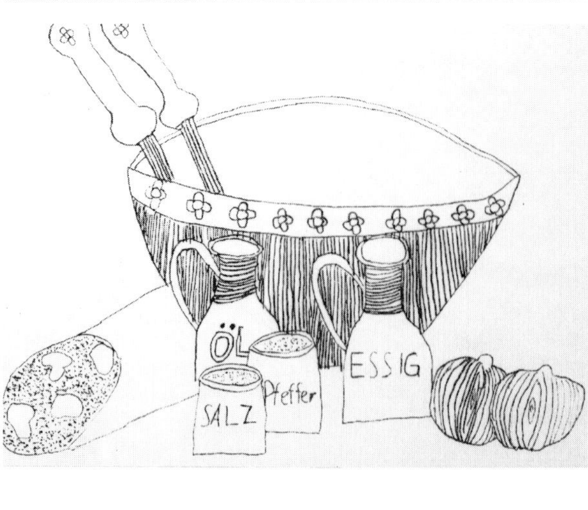

Abb. 30 Griechische Vasen, aus der Vorstellung nach Museumsbesuch gezeichnet, 6. Schj.

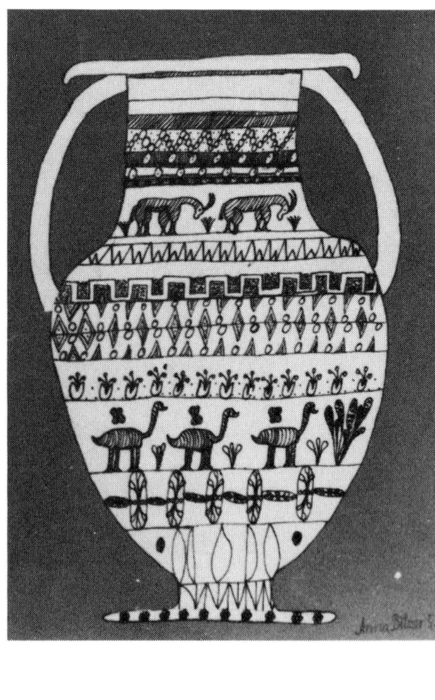

Abb. 31 „Zauberkabinett“, Filzstiftzeichnung in Rot und Schwarz, 7. Schj.

1.4 Zeichnen mit dem Filzstift

Der Filzstift oder Faserschreiber, ein Flüssigfarbstift, ist ein modernes Produkt. Es gibt ihn mit ganz feiner bis zu breiter Linienspur in den verschiedensten Farben. Sein Vorteil: Er ist immer malfertig. Die nachgiebige Haarquaste des Pinsels ist durch einen festen Gleitkopf ersetzt, und eine saubere Linienführung deshalb einfach. Mit ihm kann man, im Vergleich zum Farbstift, ohne große Mühe farbig intensive Spuren ziehen, die immer gleich breit und fließend bleiben (z.B. Wellen, Zacken, Spiralen). Der fortlaufend weiche Fluß regt die zeichnerische Erzählfreude der Kinder an. Deshalb ist der Filzstift für spontanes Zeichnen geeignet. Wichtig ist, daß der bewegte lebendige Strich zu Papier kommt. Die Zeichnung darf nicht in bravem Nachzeichnen und Ausfüllen mit Mustern erstarren. Filzstiftzeichnungen sind gut mit Schrift zu kombinieren.

Darüber hinaus kann man mit ihm auch kleine Flächen ausmalen und durch Übereinandersetzen – unten Hell, darüber Dunkel – sogar *Mischtöne* herstellen, zum Beispiel mit Rot auf Gelb, mit Braun auf Gelb oder Blau auf Grün. Da die Farben transparent sind, lassen sich die grellen Töne auch durch unterlegte Grundierungen mildern. Das ist möglich mit einem zurückhaltenden, lasierend aufgetragenen Grundton aus dem Malkasten. Um in einzelnen Bildpartien nachträglich Mißtöne auszugleichen, können wir noch weitere Grundierungen über einzelne Zonen legen und so in die *farbige Gesamtwirkung* einstimmen. Wichtig ist es, die Farbskala zu beschränken, um verwirrende allgemeine Buntheit zu vermeiden und damit eine differenzierende Farberziehung nicht zu stören. Bei wachsender Erfahrung ist es also auch mit den Filzstiften möglich, daß Schüler zu ihrer persönlichen Farbigkeit finden.

Wegen der besonders leichten Handhabung eignet sich der Filzstift gut für das *vielfigurige erzählende, oft kleinformige Zeichnen.* Es ist sinnlos, große Flächen anzustreichen; dafür verwenden wir besser den Malpinsel!

Nachteile: Filzstifte sind kurzlebig und leider nicht nachfüllbar. Sie verblassen mit der Zeit, wenn sie ständig dem hellen Licht ausgesetzt sind. *Permanentstifte* verbreiten unangenehme Dämpfe und sollen deshalb zum Zeichnen auf Papier nicht verwendet werden.

MATERIAL UND WERKZEUG

Es gibt viele Arten von Filzstiften, je nach den verschiedenen Verwendungsmöglichkeiten:

- Spezialstifte für verschiedene Malgründe wie Papier, Folie, Metall oder Glas
- Goldstifte und andere, die einen metallischen Glanz erzeugen
- wasser- und wischfeste

ZUR TECHNIK

Die Technik des Filzstiftzeichnens bereitet keinerlei Probleme. Da Filzstifte leicht austrocknen, sind sie nach Gebrauch sofort zu schließen.

Abb. 32 Drei Vögel, Kreidezeichnungen, 3. Schj.

1.5 Zeichnen mit Kreide

Das Zeichnen mit Kreide unterscheidet sich vom Bleistift- und Federzeichnen durch den weicheren Strich, der mehr Lockerheit und Großzügigkeit zuläßt. Schüler, die an schematisches Zeichnen gewöhnt sind, führt man am ehesten aus ihrer Erstarrung heraus, indem man ihnen ein anderes Zeichenmittel in die Hand gibt, z. B. Kreide. Es haben sich bewährt die schwarze Zeichenkreide „Pitt“ von Faber-Castell und die Rötelkreide Nr. 187 von Koh-i-noor Hardmuth. Weil die Kreiden leicht verwischen, ist anzuraten, das Blatt beim Zeichnen teilweise abzudecken.

Abb. 33 Verschiebebahnhof, 7. Schj.

1.6 Zeichnen mit dem Pinsel

Dem kleinen Kind ist die zeichnerische Gestalt wichtiger als der farbige Fleck. Eine Bekräftigung dieses Satzes sehen wir darin, daß anfangs mit farbigem Stift, farbgefülltem Pinsel oder farbigen Kreiden nicht gemalt, sondern spontan gezeichnet wird.

Um die Schüler zu einer lockeren, sensiblen und dennoch zielbewußten Pinselführung zu erziehen, könnte man zuweilen auch *in den oberen Klassen Pinselzeichnungen* gestalten lassen.

Natürlich sind dafür „grafische" Themen besser geeignet als solche, die farbig ergiebiges, breitflächiges Malen verlangen. Obwohl das Zeichnen mit dem Pinsel heute aus der Mode gekommen ist, muß darauf hingewiesen werden, daß es als reiche Sachschilderung, vorzüglich im Kleinteiligen und kleinen Format, vielfältige Gestaltungsmöglichkeiten schenkt. Solches Zeichnen mit dem Pinsel ist jenen Kindern geradezu auf den Leib geschrieben, deren Seelenverfassung oft durch Zurückhaltung gekennzeichnet ist. Es wäre pädagogisch sinnvoll, wenn die Erzieher auf jene Schüler durch Themen dieser Art eingehen würden. Die Abbildung steht als Beispiel dafür, wie reichhaltig Pinselzeichnungen in der Hauptschule sein können.

Als weitere Anregung: Eine Pinselzeichnung mit goldener und weißer Farbe auf schwarzem Tonpapier ist besonders festlich.

1.7 Absprengtechnik

Wer die Technik der Pinselzeichnung variieren und weiterführen möchte, könnte sich in der Absprengtechnik versuchen. Der Arbeitsaufwand ist allerdings groß, zudem erfordert die Technik ein hohes Maß an Vorstellungskraft. Ihr Vorteil ist, daß die abgesprengten Teile, wenn sie koloriert werden, auf schwarzem Grund als lasierende Malerei wirkungsvoller sind als Deckfarbenmalerei auf schwarzem Tonpapier.

MATERIAL UND WERKZEUG
- Weiße Deck- oder Temperafarbe
- schwarze Tusche oder Plakatfarbe
- Pinsel oder Feder, breiterer Borstenpinsel
- weißes Zeichenpapier
- evtl. Malkasten

ZUR TECHNIK
Nach einem Bleistiftentwurf, der bereits zeigt, was abschließend weiß bleiben oder noch koloriert werden soll, wird das Motiv mit Pinsel oder Feder und weißer Farbe in nicht zu feinen Linien auf weißes Papier gezeichnet. Auch Flächen können gemalt werden. Man läßt die Farbe trocknen und überstreicht das ganze Papier mit schwarzer Tusche oder Plakatfarbe. Wäh-

Abb. 34 Fahrradständer, 8. Schj.

rend des Trocknungsvorganges platzt diese über den weiß gemalten Stellen ab und läßt eine randscharfe Zeichnung zurück. Diesen Absprengvorgang kann man durch Bürsten oder Wässern beschleunigen.
Um die oben genannte reizvolle Wirkung zu erzielen, koloriert man die weißen Stellen zart mit Malkastenfarbe.

1.8 Prägen auf Metallfolie

Eine besonders festliche Möglichkeit bildnerischer Arbeit bietet uns das Prägen auf Metallfolie (s. FT 1).
Alufolie, als Meterware zu kaufen, ist im ungestalteten Zustand kein angenehmes Material. Es rollt sich leicht ein, hat eine maschinell geglättete, leblose Oberfläche, scharfe Kanten und einen aufdringlichen Glanz. Scheinbar ist es auch ungefügig. Wenn wir jedoch mit einem ausgedienten Kugelschreiber Spuren auf die Folie prägen, merken wir, wie leicht das geht, vor allem aber, wie sich das Material beim Eindrücken von Linien, Punktreihen, dichten Fischgrätmustern und anderem verwandelt: Es streckt sich flach, die bleibenden plastischen Spuren dämpfen den gleißenden Charakter.

MATERIAL UND WERKZEUG

- Alufolie, silber- oder goldfarbig überzogen, je nach Bedarf 0,06 bis 0,1 mm stark, erhältlich in Geschäften oder im Versand für Werkbedarf in Plattenform oder von der Rolle
- ausgeschriebener Kugelschreiber
- weiche Unterlage aus Zeitungen
- Filzstifte Edding 3000 zum Bemalen

ZUR TECHNIK

○ Es empfiehlt sich, die Schüler durch einen *Versuch* die richtige Arbeitsweise erproben zu lassen. Folgende wichtige Merkpunkte müssen beim Prägen beachtet werden:
Es wird immer *von beiden Seiten* geprägt: Das Wichtigste, die Hauptzüge einer Figur, von rückwärts zur Schauseite, die darauf abgestimmten Nebenzüge von vorne. Dadurch versteift sich das Material, der plastische Eindruck steigert sich, und es wird verhindert, daß sich die Folie aufwölbt, wie das beim Prägen von nur einer Seite aus unvermeidlich geschieht.
Die *ausgeschnittene Umrißform* sollten wir durch Prägen verwandeln. Mit kleinen Strichelungen, bei denen sich die Kante leicht wellt, mit Punktreihen, die dem Rand einen perlenden Charakter geben, oder mit einer Prägelinie parallel zur Kante, die sie aufbiegt, können wir den zunächst rein technisch geschnittenen Rand gestalten. Der Werkvorgang in umgekehrter Reihenfolge, zuerst prägen und dann ausschneiden, würde die feine Randgestaltung teilweise wieder zunichte machen.

○ Das *Prägen* soll energisch ausgeführt, d.h. die Ornamente sollen dicht und sorgfältig gereiht, also *bildnerisch gesetzt* werden. So gesehen, ist das Prägen in Metallfolie das Gegenteil eines leichthändigen Zeichnens mit dem Bleistift.
Als Unterlage nehmen wir einige Schichten Zeitungspapier.
Für die *Gewinnung der Umrißform* verwenden wir dünnen Karton, der ohne Schwierigkeiten ausgeschnitten und nachgezeichnet werden kann. Wir verwenden ihn nach Bedarf auch für den Musterentwurf.
Noch einige *Hinweise zur Gestaltung der verschiedenen Themen:*
Bei der Prägung von Gesichtern empfiehlt sich: Nase von rückwärts vorsichtig in der ganzen Breite durchreiben, ebenso den Verlauf der Lippen von rückwärts prägen, die Augenform von vorne, anschließend den Augapfel von rückwärts leicht durchwölben.
Die Form des Ornamentträgers muß stets im Auge bleiben. Bei einer Scheibe z.B. spielen deshalb zwei Formideen eine wichtige Rolle: Mittelpunkt und Rand, also ein *sternstrahliges Gebilde* von der Mitte aus und eine abgrenzende *umlaufende Randbildung.* Zwischen beiden muß eine Zone relativer Formstille sichtbar werden. Sie sorgt dafür, daß beide Zonen sich nicht bedrängen, sondern daß jede klar herausgestellt wird. Auch sollen die Elemente in der Mitte klein beginnen, nach außen allmählich größer werden und dabei den Charakter des in alle Richtungen Strahlenden ausgeprägt zeigen. Innerhalb einer Randreihe ist es günstig, zunächst immer gleiche Elemente aneinanderzureihen. Bei den Zacken ist auf die Dreiecksform zu achten.
Worte oder kleine Texte entwerfen wir zunächst auf durchsichtigem Papier (z.B. Pergamentpapier) und übertragen das Spiegelbild des Textes mit leichter Spur (ohne weiche Unterlage) auf die Rückseite des Bildes. Erst dann werden die Buchstaben, z.B. mit einer enggesetzten Punktreihe, eingeprägt. So erscheinen sie erhaben auf der Schauseite.
Nach dem Eindrücken des Musters erzielen wir durch sparsames *Bemalen der Schauseite* mit Edding-3000-Stiften eine schöne Wirkung.

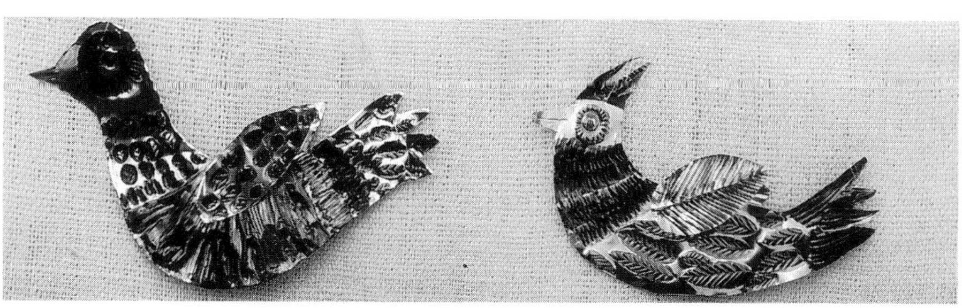

Abb. 35 Vögel, Christbaumschmuck, 2. Schj.

1.9 Hinterglasradierung

Ein besonderes Fest oder Ereignis im Jahreslauf ist oft der sinnvolle Anlaß für einen Glückwunsch besonderer Art. Mit der alten Technik der Hinterglasradierung kann man Bilder gestalten, die den Beschenkten sicherlich lange Zeit erfreuen.
Die Aufgabe muß zunächst thematisch überlegt werden. Ob es sich um Jahresfeste wie Ostern, Weihnachten, Neujahr oder um Familienfeiern handelt; meist spielen dabei Blüten- oder Blattgebilde (Strauß, Kranz, Ranke, Blumenkorb, Rosette) eine wichtige Rolle.
Den *Grundaufbau eines Blumenstraußes* findet das Kind meist nur bei richtiger Anleitung; die verschiedenen Blüten kann es dann aus eigener Vorstellung zeichnen. So vermag jedes Kind eine ausstrahlende Sternform von der Mitte aus zu bilden und mit spitzen Strahlen zu versehen. Aus ähnlichen einfachen Grundformen können becherförmig aufwärtsstrebende und glockenartig hängende Gebilde aufgebaut werden. Die Beispielreihen zeigen elementare Grundformen, die nicht als „Fertigteile“ montiert werden, sondern zu eigenem Tun aufmuntern sollen.

MATERIAL UND WERKZEUG

- Fettfreie dünne Glasplatte (mit Benzin gereinigt), Größe je nach Thema, rechteckig; für Christbaumschmuck rund, ca. 6 cm im Durchmesser
- Plakafarbe zum Grundieren der Glasplatte
- Plakafarbe zur Bemalung des Rahmens in passender Farbe gemischt
- breiter Haarpinsel zum Auftragen der Farbe auf die Glasscheibe
- Mixtion (Anlegeöl) aus dem Fachgeschäft
- echte Goldfolie auf Seidenpapier ist teuer; in der Schule besser Kompositgold (Ersatzgold) aus dem Farbenfachgeschäft
- Karton als Rückwand, um die Rahmenbreite größer als das Glas; für den runden Weihnachtsschmuck die Kartonscheibe jedoch genauso groß wie das Glas, als Rahmung Messingfolie 0,1 mm stark, ca. 8–9 cm Durchmesser
- Kartonstreifen für die Rahmung
- Pattex compakt
- feines Band als Aufhänger
- Kratzinstrumente wie Nagelfeile, feines Messer; große stumpfe Stick- oder Stricknadel, die man, um sie besser halten zu können, mehrmals mit Tesakrepp umwickelt

ZUR TECHNIK

Die *fettfreie Glasplatte* wird einseitig mit *Plakafarbe* in zurückhaltendem dunklen Farbton bestrichen; er läßt später das Gold wirkungsvoll hervortreten. Für den Christbaumschmuck jedoch empfiehlt sich zum dunklen

Abb. 36 Blumenkorb, 4. Schj.

Grün des Nadelbaumes als Grundton ein warmes Rot; wir mischen dafür Zinnober mit etwas Ocker und Weiß zu einem leuchtend hellen Korallenrot (erprobte, schön wirkende Mischung!). Der Farbauftrag erfolgt zügig mit einem weichen Haarpinsel, um ungleiches, streifiges Antrocknen zu vermeiden.

Während des Trocknens wird das *Motiv auf Papier* in der Größe der Glasplatte entworfen; danach werden die Hauptzüge der Zeichnung mit weichem Bleistift auf dem Plattengrund angegeben.

Beim *Herauskratzen der Formen* mit rundlich-spitzem Instrument sollten *folgende Gestaltungsprinzipien beachtet werden:*

Die Zweige nicht zu nahe aneinander, damit sich Blätter und Blüten ohne Überschneidung ausbreiten können. Dickere Stiele nicht in der gesamten Breite auskratzen, sondern mit zwei Strichen begrenzen. Es kommt grundsätzlich immer darauf an, manches Wichtige wie z. B. die Umrisse eines Korbes, die Mitte einer Blüte, Rippen eines größeren Blattes usw. stärker hervortreten zu lassen – manches im rechten Maß auch flächig - und damit einen Wechsel zwischen Zartem und Kräftigem zu bekommen. Dasselbe gilt für den sternstrahligen Christbaumschmuck: neben zartem Lineament nimmt man kleinere und größere Flächen aus der Grundierung heraus, damit das hinterlegte Gold entsprechend hervortreten kann. Zu große ausgekratzte Formen stören die Geschlossenheit des ornamentalen Gebildes, und zu wenig flächige Formteile lassen das Motiv mager und kümmerlich erscheinen.

Bei *rundstrahligen Rosetten* beginnt man in der Mitte mit einem zwei-, auch dreireihigen Innenstern, um den ein breiter Kranz aus zackigen und rundbogigen Blattformen gesetzt wird. Zarte Innenformen gliedern die äußeren Blätter, und Zwischengebilde füllen die Rosette.

Die Formen bleiben mindestens 5 mm vom Rand entfernt, da noch ein Rahmen an- und aufgesetzt wird; das Körbchen sitzt z. B. nicht auf dem untersten Rand, die mittlere Blüte stößt nicht an die Oberkante der Glasplatte.

Eine *dekorative Variation in dieser Technik* bietet sich durch die Verwendung einer lasierend aufgetragenen zweiten und dritten Farbe. Mit ihr werden einige Blätter, die Mitte einer Blüte, Blütenstempel u. a. sparsam eingefärbt. Blautöne sind dazu nicht geeignet! Dabei darf nicht vergessen werden, daß das Gold die glanzvolle Wirkung ergibt!

Um während der Arbeit die übrige Farbschicht zu schützen, legt man ein Blatt Papier unter die Hände. Ist die Radierung fertig, wird das *Anlegeöl* dünn aufgetragen und, wenn es fast getrocknet ist, mit *Ersatzgold* hinterlegt. Für das vorsichtige Anreiben verwendet man *Seidenpapier als Zwischenlage.* Beim Auflegen des hauchdünnen echten „Goldes“ (man kann es auf Seidenpapier befestigt erwerben) sollte der Lehrer den Kindern, wenn nötig, helfen.

Zum *Schutz der Glasplatte* muß dauerhaft ein ausreichend dicker *Karton,* an dem eine stabile Aufhängung befestigt ist, hinterklebt werden.
Für die *Rahmengestaltung* gibt es verschiedene Möglichkeiten. Der Weihnachtsschmuck (Abb. 37) ist mit Messingfolie gefaßt. Der überstehende Rand wird in Zacken geschnitten, wobei jeweils eine größere mit einer kleineren abwechselt. Die kleine Zacke dient als „Kralle" für die Glasscheibe. Die glatte Messingscheibe als Rückseite läßt sich vorher durch Prägung ebenfalls gestalten (siehe 1.8 Prägen auf Metallfolie).

Zusammenbau:
- Fertige Messingscheibe auf der Innenseite mit Klebstoff einstreichen, antrocknen lassen
- mit der Schauseite nach unten legen
- Pappscheibe mit Aufhänger genau einkleben
- kleine Zacken sorgfältig mit Kleber bestreichen
- die mit Gold belegte Glasscheibe auflegen
- zuletzt die Krallen um die Glasscheibe nach oben biegen und vorsichtig andrücken

Abb. 37 Christbaumschmuck, 6. Schj.

Für *rechteckige Glasscheiben* kann die Rahmung aus drei Kartonschichten bestehen: der *größeren Grundplatte,* einem *schmalen Streifen,* so breit wie der Überstand der Grundplatte, direkt neben der Glasplatte, und einem weiteren *schmalen Streifen,* der zum Teil auf den ersten Kartonstreifen und zum Teil über die Glasplatte aufgeklebt wird. Es hat sich bewährt, alle Kartonstreifen vor dem Verkleben an Oberseite und Kanten mehrfach mit Plakafarbe in passendem Farbton einzustreichen, nach jedem Anstrich trocknen zu lassen, zu glätten und zum Abschluß mit einem Tuch glänzend zu polieren.

1.10 Sgraffito mit Wachsmalkreiden

Ein Sgraffito auf goldfarbenem Plakatkarton bietet alles, was Kinder zum bildnerischen Gestalten anregt: reizvolle Farbigkeit auf Goldgrund, das schmückende Element durch Ausschaben von zarten und breiten Linien und die Wirkung des Goldglanzes vor allem im Licht.
In dieser Technik kommen sattes Malen und feines Zeichnen in gleicher Weise zum Zuge (s. FT 2). Es entstehen festliche Glückwunschkarten, Geschenkanhänger, Krippenbilder, große Sterne u. a. Geeignete Themen bietet der festlich-religiöse Bereich, aber auch die Märchen- und Zauberwelt, zu der Kinder in ihrer Phantasie besonders guten Zugang haben. Deshalb bringen sie für die etwas mühevolle Schabearbeit die erforderliche Ausdauer auf.

MATERIAL UND WERKZEUG

- Bronzierter, etwas stärkerer Plakatkarton mit glatter Oberflächenstruktur
- Wachsmalkreiden, möglichst in reicher Farbskala; es lohnt sich, wasser- und wischfeste sowie lichtechte Kreiden auszuwählen. Meist bewirkt ein Anteil von Bienenwachs bessere Haftfähigkeit (Caran d'Ache).
- Messerchen mit dünner scharfer Klinge oder halbierte Rasierklingen, deren Bruchkanten schützend mit Tesakrepp umklebt werden; die Schaber aus der Kreidenpackung sind ungeeignet.
- Zeitungsunterlage zum Auffangen der Kreidebrösel in einer Ecke
- ein Abdeckblatt zum Auflegen der Hand während der Arbeit

ZUR TECHNIK

Es empfiehlt sich auch hier, daß der Lehrer die neue Technik selber ausprobiert. Nur so kann er ihre Schwierigkeit erfahren und sich die Grundlage für eine die Sache treffende Unterrichtsführung erwerben. Auch die Schüler versuchen sich zunächst an Reststücken und gestalten z. B. auf einem quadratischen Kärtchen eine Blütenrosette, von einer runden Mitte ausgehend.
Die Arbeit am „großen" Werk beginnt mit der möglichst *breit aufgebauten Hauptform* (Figur, Tier, Pflanze). Der verbleibende goldfarbene Hintergrund wird am besten mit einer gedämpften Farbe wie Grau, Dunkelblau oder Weiß, wegen des fehlenden Kontrastes zu Gold jedoch nicht mit Gelb oder Orange abgedeckt. Die von Anfang an dafür geplante Farbe wird im Motiv nicht verwendet. Der Goldton des Kartons soll lückenlos übermalt sein.
Nun beginnt die eigentliche *Sgraffito-Arbeit.* Es ist ratsam, zunächst alle Umrisse der Hauptfiguren auszuschaben. Die dabei sich zeigenden goldenen Linien verdeutlichen die Formen, die sich vorher nicht klar genug vom Hintergrund abgehoben hatten. Verschiedene *Strukturen* (Vogelfedern, Blattadern, Staubfädenbüschel) *und Ornamente* gliedern das Bild und bringen es immer intensiver zum Glänzen. Es ist notwendig, das Werkzeug nur mit leichtem Druck zu handhaben, um den Goldgrund nicht zu beschädigen.

Abb. 38 Glückwunsch, 3. Schj.

Die zarte Schabearbeit ist von grafischer Art. Sie gibt den malerisch breiten, etwas unbestimmten Farbigkeiten Klarheit. Alle Figurationen, die sonst leicht im Hintergrund untergingen, treten hervor. Der matte Schimmer der Wachsmalkreide und der goldene Glanz der Linien steigern sich gegenseitig in ihrer Wirkung.

Es gibt noch *andere Sgraffitotechniken,* die aber gemessen am Arbeitsaufwand in ihrer Wirkung die von Goldkarton nicht erreichen.

Auf weißem Karton werden zwei bis drei Farbschichten übereinander gelegt, beginnend mit den hellen, um dann durch flacheres oder tieferes Schaben die gemeinte Farbe herauszuholen. Wenn man gleich farbigen Plakatkarton verwendet, kann man sich eine Farbschicht ersparen.

Bei einer heute häufig gebräuchlichen Sgraffitotechnik werden verschiedenfarbige Flecken mit Wachsmalkreiden willkürlich aufgetragen; mit einer dunklen Wachsmalkreiden-Schicht wird das gesamte Blatt überdeckt. Beim Ausschaben entstehen dann Formen in zufälliger, nicht gestalteter Farbigkeit mit Überraschungseffekten.

1.11 Radierung auf Schabekarton

Eine dankbare Technik für Kinder und Jugendliche! Der Schabekarton (auf Karton dünne Gipsschicht und darüber schwarze Farbschicht) erlaubt es, mit einem scharfkantigen Schabemesser leichthändig dünne und stärkere Linien und Flächen auszuschaben. Neuerdings werden auch weißbeschichtete Platten (15 × 20 cm á 10 Stück Bestellnummer 1060, Johannes Gerstäcker Verlag, 5208 Eitorf) angeboten. Sie können in Teilen schwarz wie auch farbig eingefärbt werden. Die verbleibenden weißen Stellen lassen sich als belebendes Element in den Bildaufbau miteinbeziehen.

MATERIAL UND WERKZEUG

- Schwarzer oder weißer Schabekarton (im Fachgeschäft erhältlich, nicht billig)
- scharfes, spitzes Messerchen oder Radiernadel oder Papierschneidefeder mit zwei gerundeten Schneiden für Rechts- und Linkshänder
- Hilfsmittel für die Entwurfsarbeit zur sicheren Formeinteilung: Zahnstocher, die nur eine glänzende Spur auf der matten Oberfläche hinterlassen

ZUR TECHNIK

Die hauptsächlich grafische Wirkung wird dadurch erzielt, daß man die schwarze Farbschicht mit dem Werkzeug schabend entfernt und dadurch die darunter liegende weiße Gipsschicht freilegt. So entsteht eine feine Linie, die man auch zur Fläche erweitern kann. Die Ränder werden dabei glatt. Wird jedoch mit zu großem Druck radiert, reißt die Unterschicht auf; es entstehen ungenaue Umrißlinien.

Zur Gestaltung: Um die Umrißformen zu gliedern, bieten sich Binnenstrukturen an, die sachbezogen sein sollen. Das bedeutet, daß man nicht irgendwelche Muster dazuerfinden kann, sondern elementare Formen zusammenordnen sollte, die etwas über die reale Struktur der Oberfläche der gemeinten Dinge aussagen. Die Strukturlinien sollen die im Umriß sichtbar gemachte Form der Gesamtgestalt nicht beeinträchtigen, sondern berücksichtigen. Kontrastierendes Hell/Dunkel klärt das Gemeinte.

Mit Zahnstocher markierte Hilfslinien dienen dabei der Orientierung. Linien, die sich eng kreuzen (Fliegengitter!), führen zum Ausbrechen der Farbschicht. Mit einem schwarzen Filzstift kann man dies zwar korrigieren, aber die verbesserten Stellen kann man nicht mehr nachkratzen. Deshalb sollte man den Schülern diese Korrekturmöglichkeit nicht zu früh mitteilen. Ihre Konzentration könnte nachlassen und die spontane Originalität darunter leiden.

Es ist manchmal nicht einfach, das Werkzeug zu handhaben, besonders bei der Gestaltung von Rundformen. Man muß es dabei immer steil halten und, wenn nötig, drehen, damit der scharfe Grat die Linien ausschaben kann.

Abb. 39 Kaminkehrer, 6. Schj.

Abb. 40 Distel, 8. Schj.

2. DRUCKTECHNIKEN

2.1 Linolschnitt – Linoldruck

Grundsätzliches

Die Technik des Linolschnittes und -druckes sollte aus mehreren Gründen als eines der *Hauptgebiete des formbildenden Gestaltens* in der Schule verstanden werden. Wie kaum eine andere kommt sie der bildnerischen Lage der Schüler entgegen. Sie nötigt dazu, das Gemeinte mit einer gewissen Kraftanstrengung gegen den Widerstand des Materials auszuschneiden, wodurch wesentlich straffere Formen als beim Malen und Zeichnen entstehen. Man kann bei dieser Technik niemals „Halbgemeintes", nur vage Vorgestelltes in „Strichelmanier" rasch aufs Blatt werfen.

Im Linolschnitt wird die bildnerische Tätigkeit zu klaren Umrißformen hin geleitet; körperliche Räumlichkeit ist nicht realisierbar. Überschneidungen sind hier, mehr als beim Zeichnen und Malen, der guten Form abträglich, weshalb sie die Schüler fast von selbst vermeiden. Des weiteren läßt sich im Linolschnitt die Notwendigkeit, den Bildraum möglichst lückenlos durchzugestalten, exemplarisch demonstrieren. So wirkt diese Technik über ihre vermeintliche Begrenztheit hinaus *im Sinne von Formeindeutigkeit und Klarheit.* Die Aktivierung der anschaulichen Vorstellungskraft bringt auch anderen Techniken einen nicht zu unterschätzenden Gewinn.

Neben den Möglichkeiten, Arbeiten sichtbarer Qualität zu schaffen, an denen sich die Schüler erfreuen und durch die sie ihre bildnerische Anlage realisieren, hat der Linolschnitt noch andere wertvolle Seiten. Wir können damit Gratulationskarten, Einladungen für Feste, Karten für Jubiläen, Lesezeichen, Briefbogenecken, Kalenderblätter selbst drucken, ältere Schüler unter günstigen Umständen sogar Tischdecken, Schals, Kleider- und Vorhangstoffe schmücken.

Und noch eins: Das *Erlebnis des Druckens* begeistert die Schüler immer wieder aufs neue. Wie sich eine geschnittene Platte als Bild auf dem Papier oder einem sonstigen Grund abdruckt, fesselt sie und trägt dazu bei, mit großer Hingabe in dieser Gestaltungstechnik zu arbeiten.

MATERIAL UND WERKZEUG

- Dickes, weiches, einfarbiges *Linoleum* - keine Kunststoffbeläge!
- *Schneidefedern:* U-förmiger *Riller* (z.B. Brause Nr. 854), V-förmiger *Geißfuß* (z.B. Brause Nr. 852), breites, flaches U-förmiges *Hohleisen* (z.B. Brause Nr. 855) zum Herausnehmen größerer Flächen
- *Griff:* Die Schneidefedern müssen von guten Holzgriffen mit einem Metallgewinde zum Festschrauben gehalten werden. Von käuflichen Schneidesets ist abzuraten. Hier ist viel Überflüssiges enthalten; die kleinen

Walzen taugen nichts, und die Haltegriffe sind nur bei teueren Sets gut. Es empfiehlt sich für die Schule, einen Klassensatz guter Griffe und größere Mengen von Schneidefedern der genannten Art zu besorgen. Die Federn können über einen Abziehstein nachgeschliffen werden.

- 2 bis 3 gute Walzen genügen für die Klassenarbeit.
- Ein *Linol-Schneidebrett* erleichtert die Schneidearbeit und verhindert Verletzungen, weil das Linoleum nicht festgehalten werden muß und nicht wegrutschen kann. Die Schneidebretter gibt es im einschlägigen Fachhandel, oder sie werden als Klassensatz für die Schule selbst hergestellt. Die meisten der im Buch gezeigten Arbeiten entstanden ohne dieses Brett. Der allmählich in Übung gekommene Schüler möchte seine Platte in jede gewünschte Schneidelage drehen können, und das ist beim Arbeitsbrett nicht so leicht möglich. Verletzungen sind, wenn die Haltehand hinter der Schneidefeder liegt, ohnehin ausgeschlossen.
- *Druckfarben:* Anfangs nehme man die unproblematischen wasserlöslichen Druckfarben, z. B. Japan-Aqua von Pelikan in den wichtigsten Farbtönen; Schwarz gibt natürlich den stärksten Kontrast. Diese Farben lassen sich unter fließendem Wasser mühelos abwaschen. Für besonders schöne Drucke, und wenn man erfahrener ist, kann man Öldruckfarben benutzen. Zum Reinigen der Hände und Platten ist hierfür jedoch Terpentinersatz nötig.
- *Platte zur Farbverteilung:* Feste Glasplatte, etwa in der Größe DIN A4. Man kann auch jeden glatten, nichtsaugenden Untergrund wie PVC-Platten, Marmor, Metallbleche, Resopal dafür verwenden.
- *Druckträger:* Es genügt einfaches Schreibmaschinen-Durchschlagpapier; die Drucke werden aus diesem billigen Papier recht schön. Natürlich eignet sich auch anderes, gut saugendes Papier, ebenso Zeichenblockpapier. Besonders schön werden die Drucke auf deutschem bzw. echtem Japanpapier.

  Es sei auch erwähnt, daß man mit Deka-Stoffdruckfarben auf Nessel, Baumwolle, Halbleinen, Leinen und Seide drucken kann. Doch diese Druckvorgänge sind für die Schule erst dann zu empfehlen, wenn Lehrer wie Schüler genügend Erfahrungen beim einfachen Papierdrucken gesammelt haben.

ZUR TECHNIK

Um die eingangs berührten Ziele des Linolschneidens zu erreichen, sollten Lehrer und Schüler zunächst überlegen:

- Wie setzen wir das Hauptmotiv unseres Bildes groß und raumfüllend ins Format?
- Wie ordnen wir Nebendinge dazu, damit ein zusammenklingendes Ganzes entsteht?

○ Welche Inhalte können mein Bild noch erweitern, bereichern, beleben oder verdeutlichen?

Versucht man sich erstmals in dieser Technik, ist ein *Bleistiftentwurf auf Papier* in der Linolplattengröße ratsam, um das mühsame Radieren auf der Platte zu vermeiden. Beim späteren Übertragen und sogar noch beim eigentlichen Schneiden können die Kinder ihren Entwurf selbständig noch zum Besseren ändern. Dazu ist allerdings die sachverständige Beratung durch den Lehrer unerläßlich.

Damit der Entwurf mit Bleistift auf der Platte sichtbar wird, empfiehlt es sich, diese dünn mit Plaka-Weiß zu färben. Später kann man darauf verzichten, wenn mit weichem Bleistift gezeichnet wird. Manche Schüler arbeiten auch mit schwarzen Filzstiften und färben die dunklen Stellen bereits ein, um die grafische Wirkung auszuprobieren.

Nachdem wir das Bildmotiv auf die Platte gesetzt haben, geht es ans *Ausschneiden;* dabei gibt es mehrere Möglichkeiten:

2.11 Weißlinien- und Schwarzfigurenschnitt

Der *Weißlinienschnitt* ist die einfachste Art des Linolschnittes. Wir schneiden mit dem Geißfuß nur die vorgezeichneten Linien aus. Nach dem Überwalzen der Platte mit Farbe bleiben die ausgeschnittenen Linien farbfrei und erscheinen im Druck als weiße Zeichnung auf dem dunklen Farbgrund. Zu feine Linien können nachgeschnitten werden.

Der *Schwarzfigurenschnitt* entsteht, wenn wir nicht nur die Umrißgrenzen der gezeichneten Formen schneiden, sondern auch den nichtgemeinten Hintergrund wegnehmen. Hier ist es allerdings sehr wichtig, *außerhalb der vorgezeichneten Linien zu schneiden,* weil die Schneidefeder immer mehr wegnimmt als die Bleistiftlinie zeigt. Bei schmalen Formen bleibt dann oft nur ein Gerippe übrig.

Abb. 41 Weißlinien-, Weißfiguren- und Schwarzfigurenschnitte; nicht selten findet man alles in einem Motiv, wie bei dem interessanten Schnitt Abb. 42

Für diese Schneidetechnik gilt es, ganz besonders füllig zu zeichnen, denn das Ergebnis fällt fast immer magerer aus als der Entwurf. Deshalb schneiden wir nicht zuerst alle Umrisse aus und dann den Hintergrund, sondern zunächst kleinere Teile des Gesamtbildes und finden dabei heraus, wie wir vermeiden, daß ein unklares Bild entsteht.

2.12 Weißfigurenschnitt

Bei ihm schneidet man, den Weißlinienschnitt erweiternd, die gemeinten Formen aus und läßt den Hintergrund stehen. So erscheint auf dem Papier ein Bild mit weißen Figuren auf dunklem Grund. Eine füllige Gestaltung erreicht man hier relativ leicht, weil die Formen um so breiter werden, je mehr man wegschneidet. Man kann also immer noch etwas wegnehmen und setzt dabei an Formfülle zu.
Die besonders reizvolle und einfache Möglichkeit des Kolorierens, z.B. zum Thema „Glückwunsch", sollte man in diesem Fall nicht versäumen.
Die fertiggeschnittene Platte liegt nun zum *Drucken auf Zeitungsunterlagen* bereit.
Farbauftrag: Die Farbe wird aus der Tube auf die Glasplatte gedrückt und mit der Handwalze gleichmäßig darauf verteilt. Man hüte sich vor zu viel Farbauftrag. Die Walze darf beim Rollen nicht rutschen, sondern muß ein klebrig-saugendes Geräusch hören lassen. Je massiver sie ist, desto besser gelingt der Farbauftrag. Beim Einwalzen der Platte, zunächst vorsichtig, dann immer stärker drückend, rollt man die Walze kreuzweise hin und her. Nur eine gleichmäßige Einfärbung mit genügender, aber nicht zu üppiger Farbe ergibt gute Drucke.
Druckvorgang: Eine Handdruckpresse garantiert, richtig benutzt, einwandfreie Drucke. Viele Drucke herzustellen, geht damit wesentlich schneller. Man kann aber auch ganz schlicht *von Hand drucken,* was die Anschaulich-

Abb. 42 Kalenderblätter Juli und September (dazu Bemerkung auf Seite 42, Abb. 41), 8. Schj.

keit des Druckvorganges erhöht, den Schülern Freude macht und beim Abziehen des Druckpapiers ob der Wirkung schlechthin verblüffend ist. Deshalb sollte der erste Druck ein persönlicher Handabzug sein. Feuchtes Druckpapier garantiert schöne Drucke: Wir ziehen es durchs Wasser, lassen es schräg gehalten abtropfen und trocknen es durch ständiges Wenden auf Zeitungspapierlagen so lange, bis es gleichmäßig durchfeuchtet ist, oder wir legen die abgetropften Blätter zwischen Zeitungspapierlagen. Den richtigen Feuchtigkeitsgrad findet man durch Erfahrung heraus.
Wir legen das noch feuchte Papier auf die eingefärbte Linolplatte und drükken es vorsichtig mit Handballen und Fingern auf die eingefärbten Plattenteile. Je sorgfältiger wir das tun, um so schöner wird der Abdruck. Nachdem wir die Farbe noch eine gewisse Zeit einwirken lassen, ziehen wir das Bild vorsichtig ab und legen es zum Trocknen aus.
Für die Klasse kann der gesamte Druckvorgang auch in Arbeitsteilung durchgeführt werden. Einige Schüler befeuchten die Blätter, andere färben die Platten, und die dritte Gruppe druckt. Das empfiehlt sich besonders, wenn man längere Zeit in dieser Technik gestaltet und größere Mengen an Drucken benötigt.
Hat die Schule keine Druckpresse, kann man das Drucken mit dem eigenen Körpergewicht auf dem Boden probieren: Wir drücken das feuchte Blatt vorsichtig auf die eingefärbte Platte, legen sie, den Plattenrücken oben, auf eine vorbereitete Zeitungslage und „betreten" vorsichtig jede Stelle. Achtung, daß dabei die Platte nicht verrutscht!

Abb. 43 a) Schwarzfigurenschnitt, b) Weißfigurenschnitt

Abb. 44 Mohnpflanze, Maßstab 1:1, 8. Schj.

Abb. 45 Hund, Weißfigurenschnitt

Abb. 46 Katze, Schwarzfigurenschnitt, 5. Schj.

Abb. 47 Eichhörnchen, Schwarzfigurenschnitt, 7. Schj.

Abb. 48 Jagd, Weißlinienschnitt

TAFEL 1 „Dreikönigsritt auf Elefanten" –
Prägen in Alufolie, mit Filzstiften Edding 3000 farbig gestaltet,
Hintergrund mit Wachsmalkreide bemalt, 2. Schuljahr.
„Nikolaus" – Deckfarbenmalerei, 2. Schuljahr

Abb. 49a Oldtimer, 7. Schj.

Abb. 51 „Der Barbierjunge von Segringen" nach J. P. Hebel, 7. Schj.

Abb. 50 Schneiderwerkstatt, 8. Schj.

Abb. 49b Oldtimer

Abb. 52 Kutschenfahrt, 6. Schj.

TAFEL 2 „Nikolaus“ – Wachssgraffito auf Goldkarton (bronzierter Plakatkarton), 3. Schuljahr.
„Indianerkopf“ – Wachssgraffito, 5. Schuljahr

Abb. 53 Kirchenarchitekturen, 13–14 J.

Abb. 54 Christophorus, 5. Schj.

Abb. 55 Stoffdruckborten, 9. Schj.

Abb. 56 Stoffdruck, 4 gleiche Ecken zur Rosette geordnet, 6. Schj.

Abb. 57–60 Motive, geeignet für Golddruck. Die Nikolausfigur könnte koloriert und ausgeschnitten auf Lebkuchen geklebt werden.

2.13 Golddruck

Hat man schöne Glückwünsche geschnitten, sollte man eine besonders dekorativ wirkende Art des Druckens probieren: Mit heller Öldruckfarbe (Ocker für Gold, Hellgrau für Silber) druckt man auf dunkles Papier. Solange die Farbe noch feucht ist, wird Silber-, Gold- oder Bronzepulver mit einem Wattebausch aufgetragen. Das Pulver haftet auf der Farbe und trocknet mit ihr an. Danach mit weichem Pinsel und leichter Hand das restliche Pulver wegwischen! Die Wirkung ist überraschend und besonders festlich.

Abb. 61 Kelche im Golddruck, nach Betrachtung von kirchlichem Gerät, 4. Schj.

Abb. 62 Weihnachtsbild, Golddruck, 6. Schj.

2.14 *Dreifarbendruck*

Ein interessantes Linolschnittverfahren ist der *Zweiplattendruck,* der *Kombinationsgabe und Experimentierfreude* von Kindern und Jugendlichen anspricht. Anwendungsbereich sind u. a. farbiger Titel- und Plakatdruck.
Den Entwurf schneidet man mit dem Geißfuß als Weißlinienschnitt. Diese Entwurfsplatte wird dann mit Öldruckfarbe eingewalzt und auf zwei Platten gleicher Größe gedruckt. Eine Walzenpresse ist hierfür vorteilhaft; doch es geht auch ohne sie, wenn man sich vorsichtig mit den Füßen auf die Platten stellt, um einen genauen Abdruck zu bekommen. Bei zu viel aufgewalzter Farbe verrutscht Linoleum leicht! Schneidet man einen Schwarzfigurenschnitt, kostet dies zwar mehr Zeit; er läßt sich jedoch leichter auf die beiden Platten überdrucken.
Nach dem Umdruck legen wir die Entwurfsplatte, ohne sie erneut eingewalzt zu haben, auf dünnes Schreibmaschinen-Durchschlagpapier und erhalten so blasse Abdrucke. Diese eignen sich für Farbentwürfe mit Filzstiften. Es sollte ein Farbentwurf für die helle Platte und einer für die dunkle Platte angefertigt werden. Empfehlenswert ist es, für diese Farbentwürfe die Farben einheitlich zu wählen, z. B. hell = gelb, dunkel = blau. Das erleichtert die Arbeit des Besprechens und Vergleichens.
Man sollte den Vorgang an einem Beispiel zeigen. Der Abdruck der Hellplatte in Gelb zeigt ein unvollständiges Bild; ergänzt durch den Druck der *Dunkelplatte* in Blau erscheint jetzt ein vollständiges Bild, sogar dreifarbig! Formen, die von beiden Platten drucken, erscheinen nämlich in der Mischfarbe Grün. Setzt man helle Farbe neben dunkle Farbe, muß auf der einen Platte stehen bleiben, was auf der anderen weggeschnitten wird (Abb. 63).
Empfehlenswert ist es, die *Mischfarbe* recht oft einzuplanen, weil man sich

Abb. 63 Entwurfplatte Hellplatte Dunkelplatte

Abb. 64 Vogelfänger, dreifarbiger Zweiplattendruck, 6. Schj. (siehe auch Titelbild des Buches!)

damit für später mehrere (Änderungs-)Möglichkeiten offenhält. Da die dunkle Farbe immer auf die helle zu drucken ist, eignet sich besonders die Dunkelplatte für Strukturen: Muster der Kleidung, Adern bei Blättern usw. Sie erscheinen beim Druck in der helleren Farbe bzw. auch in Weiß. Als vierte Farbe das Weiß des Papiers einzubeziehen, darf nicht übersehen werden.

Die *Arbeit des Schneidens* beider Platten beginnt mit dem Wegnehmen des Hintergrundes (Schwarzfigurenschnitt). Als Regel gilt hierbei, mit dem Geißfuß eine genügend tiefe Rille *außerhalb der Figur* zu schneiden, damit die Formen nicht an Breite verlieren. In kleinen Etappen lassen sich sofort die Zwischen(Hintergrund-)flächen mit der größeren U-Feder herausnehmen. Damit bei der weiteren Arbeit die Platten nicht verwechselt werden, bezeichnen wir sie auf der Vorderseite mit G(elb) bzw. B(lau). Allzuschnell ist nämlich eine Form auf beiden Platten weggeschnitten. Wenn Farbe neben Farbe gedruckt werden soll, ist der Hinweis wichtig, daß die Formen ihre volle Breite behalten müssen. Deshalb soll man mit dem Geißfuß nie auf der Grenzlinie schneiden, sondern jeweils entsprechend außerhalb bzw. innerhalb. Sonst passiert es z. B., daß der zu klein geschnittene Arm die auf der zweiten Platte zu groß geratene Lücke nicht ausfüllt.

Es ist notwendig, beim Schneiden immer beide Platten im Auge zu behalten.

Für das *Probedrucken* zwischendurch verwendet man wasserlösliche Druckfarbe, so daß man die Platten leicht reinigen und gleich weiterschneiden kann.

Zum Schluß drucken wir mit Ölfarben, denn nur diese mischen sich zu einer dritten Farbe. Wir experimentieren damit und stellen verschiedenfarbige Drucke her. Zum Abschluß drucken wir die Platten nochmals auf Papier. Das ergibt manch reizvollen blassen Druck und macht das Reinigen der Druckstöcke überflüssig.

2.15 Druck mit der verlorenen Platte – „verlorener Schnitt"

Auf die Erfahrungen der im einführenden Teil beschriebenen Schneidearbeiten aufbauend, könnte als *Höhepunkt einer didaktischen Reihe des Linolschnittes* der *mehrfarbige Druck mit der verlorenen Platte* stehen (s. FT 3). Die Bezeichnung „verlorene Platte" oder „verlorener Schnitt" deshalb, weil am Ende der verschiedenen wechselnden Arbeitsschritte von Schneiden und Drucken die Platte unbrauchbar geworden ist. Technisch anspruchsvoller, gedanklich schwieriger zu erfassen und zeitlich aufwendiger als der einfarbige Schnitt, fordert er den Gestaltungswillen Jugendlicher (nicht unter 12 Jahren) und Erwachsener heraus. Besonders reizvoll daran ist die zunehmende Farbigkeit, die Entstehung komplexerer Formen und das schrittweise Verdichten des Bildes im Verlauf der Arbeit.

Der Aufgabe sollte eine überlegte Themenwahl vorausgehen. Besonders gut eignen sich große einfache Formen mit der Möglichkeit reicher Innengliederung und vielseitig gestaltbarer Umgebung, z. B. ein Fisch in seiner Unterwasserwelt mit der Formenvielfalt groß- und kleinblättriger oder sehr feingegliederter Wasserpflanzen, eine Eidechse zwischen Steinen und Pflanzen, eine schön gemusterte Schlange im Herbstlaub, ein Vogel auf blühendem Zweig, ein Tier im Urwald, eine mittelalterliche Häuserreihe, eine Faschingsfigur, ein Postillion zu Pferd, ein Blumenstrauß u. a.

Als erstes ist ein farbig angelegter Entwurf notwendig. Dabei findet der Lehrer gute Gelegenheit, die Schüler auf die rechte Größe, auf Unklarheiten und unnötige Überschneidungen hinzuweisen und sie bei der Farbgebung zu beraten. Der klare zeichnerische Aufbau entscheidet über das Gelingen.

Arbeitsprinzip ist die Verwendung *einer einzigen Druckplatte* (Format nicht über DIN A4-Größe), bei der im Verlauf der Arbeit immer mehr herausgeschnitten wird, und das mehrfache Übereinanderdrucken der Farben. Es können bis zu fünf sein. Da einzelne Druckgänge nicht wiederholbar sind, ist es ratsam, mit mindestens 10 Abdrucken je Schüler zu beginnen.

Zunächst holt man mit Hilfe von Transparentpapier, das man wie die Linolplatte mit einem Paßkreuzchen versieht, um die Genauigkeit beim Drucken zu gewährleisten, jene Linien und Formen aus dem Entwurf, die weiß bleiben sollen, und überträgt sie mit Blaupapier auf die mit Deckweiß grundierte Platte aus weichem einfarbigen Linoleum.

Beim nachfolgenden Herausschneiden der Formen macht man anfangs häufig den Fehler, zu wenig herauszunehmen. Dünne Linien gehen später beim Drucken wieder verloren.

Vor dem Druck sei zur *Farbgebung* Grundsätzliches vermerkt: Wir gehen von der Gegenstandsfarbe aus, wie es für den unverbildeten Laien selbstverständlich ist. Dennoch verlangt die Ökonomie der technischen Mittel eine gewisse Beschränkung. So können Haare eben auch einmal dunkelblau und Pferde rot sein, wenn diese Farben sonst noch auf dem Bild vorkommen. Dies geschieht nicht aus expressiver Willkür oder stilisierender Absicht heraus, sondern ergibt sich aus der Beschränkung auf wenige Farben. Deutlichkeit kann durch Farbgegensatz, aber auch durch Hell-Dunkel innerhalb einer Farbe erreicht werden, indem sie mit Weiß oder Schwarz gemischt wird. Es kommt darauf an, daß jeder Farbton gut über das ganze Bild verteilt ist. – Diese Regeln sollten schon beim Entwurf beachtet werden.

Gewöhnlich fängt man mit einer hellen Farbe an zu drucken. Bei Japan-Aqua, das stark deckt, kann auch eine dunklere Farbe verwendet werden. Ölfarben ergeben zwar edlere Farbqualitäten, doch ist es schwierig, Hände, Werkzeug und Kleider zu reinigen, vor allem in größeren Klassen. Von der ersten Farbe drucken wir einen überschießenden Vorrat an Abzügen zur

späteren Verwendung auch als Probedrucke. Wir verwenden dabei einfaches Schreibmaschinenpapier.
Für das Drucken mit der nächsten Farbe wird wiederum mit Transparentpapier dem Entwurf das entnommen und auf die Platte übertragen, was in der Farbe des ersten Druckvorganges stehen bleiben soll.
Dieser Vorgang wird nun nach der *Anzahl der gewünschten Farben wiederholt.* Oft druckt man als Letztes die Hintergrundfarbe, von der sich die Gegenstände gut abheben. Natürlich kann auch der Hintergrund nach dem ersten oder zweiten Farbdurchgang weggeschnitten werden, so daß als Letztes etwas Gegenständliches gedruckt wird; doch sollte man dann keine „Kleinigkeiten" mehr drucken, weil sie meist verquetscht werden.
Etwas Sorgfalt erfordert das Plazieren der Platte bei jedem neuen Überdrucken. Man richtet sich am besten nur nach dem oberen Bildrand und den beiden Ecken. Dann drückt man das Linoleum von oben nach unten flach abrollend an. Nicht auf die Kante stellen!
Anders als beim Malen erfordert der Farbdruck mehr Überlegung und Konzentration, denn Fehlentscheidungen sind meist irreparabel. Doch gerade deshalb wäre er dazu geeignet, unsichere und mutlose Zeichner aus ihrer Reserve zu locken, wenn sie merken, daß es um eine Art Denksportaufgabe geht.

Ein praktisches Beispiel:

Ein großer Fisch jagt kleine Fische (FT 3 oben)

Während des Druckens liegt die Linolplatte auf dem Arbeitsplatz. An den Ecken eingestochene Markierungspunkte ermöglichen immer wieder das paßgenaue Auflegen des Druckpapiers. Zum Drucken verwenden wir die wasserlöslichen Schuldruckfarben. Zuerst wird mit der hellen Farbe gedruckt, in unserem Beispiel mit Gelb. Alles bereits Ausgeschnittene bleibt dabei unbedruckt, also weiß (Abb. a). Dann schneiden wir alles heraus, was beim nächsten Druck gelb bleiben soll, z. B. die gelb umsäumten Schuppen, einzelne Flossenstrahlen, der Augapfel ... und überdrucken die Arbeit grün (Abb. b). Jetzt kommt alles weg, was grün bleiben soll, z. B. die linke Blattranke, die Schuppen, die grünbetonte Maulspalte ..., und wir überdrucken in Rot, so daß sich der Braunton ergibt (Abb. c). Zuletzt nehmen wir alles heraus, was braun bleiben soll. Vor dem letzten Druck mit blauer Farbe überprüfen wir anhand des Braundruckes alle Formen und verbessern etwaige unklare Stellen.

Dem Thema „Linolschnitt und Linoldruck" wurde als dem Kernbereich des Druckens ein breiterer Raum gewidmet. Das Grundsätzliche gilt auch für die anderen Drucktechniken.

2.2 Kartondruck

Zu den einfachsten, schon in den ersten Grundschulklassen praktizierten Druckverfahren gehört der Kartondruck, eine wichtige Vorstufe zu Linolschnitt, Holzschnitt und Radierung.
Mit Kartondrucken können die Kinder Einladungen für Klassen- und Schulfeste, Glückwünsche, Blätter für Poesiealben, Illustrationen zu Märchen, Lesestücken oder selbst erfundenen Geschichten gestalten. Im 1. und 2. Schuljahr entstehen in dieser Technik Eigenfibeln, wobei Sprache und Bildsprache in enge Beziehung treten.

MATERIAL UND WERKZEUG
- Stabiler Karton als Träger der Druckformen
- Schuhschachtelkarton für die Druckformen – rechtzeitig zum Sammeln anregen! Die glatte Seite dieser Kartons ist zum Druck bestens geeignet.
- gute Schere, Kleber
- Glasplatte, kleine Gummiwalze, Öldruckfarbe
- Schreibmaschinen-, Durchschlag- und andere saugfähige Papiere
- Druckpresse, wenn vorhanden

Für die Erweiterung des Kartondrucks statt Schuhschachtelkarton
- gebrauchte Offsetfolien
- Innenseite von Alu-beschichteten Saft- und Milchtüten
- scharfe Schneidemesser

Der einfache Kartondruck
Die Kinder zeichnen ihre Motive auf die rauhe Seite des Schuhkartons und schneiden sie aus. Da hierbei die eigentliche Gestaltungsarbeit geschieht, muß das Thema vom Lehrer genau eingeführt werden. Wir achten darauf, daß nicht zu dünn und zierlich gezeichnet wird, sondern kräftige Figuren mit eindeutigen Attributen entstehen.
Die rauhe Seite des Motivs wird gut mit Klebstoff eingestrichen und fest auf den Karton geklebt (beschweren mit Büchern!). Nun haben wir unseren Druckstock fertig und können mit dem Drucken beginnen.
Die *Farbe* wird auf die Glasplatte gegeben, mit der Walze gleichmäßig darauf verteilt, in einer Richtung rollend von ihr entnommen und dann, auch nur in einer Richtung rollend, der Druckstock eingefärbt. Damit der nichtgemeinte Untergrund keine Farbe bekommt, sind hierfür die kleineren Walzen günstiger. In größere Bildlücken können evtl. Kartonreste eingelegt werden, so berührt die Walze nicht den Grund. Man achte darauf, daß alle Druckformen gleichmäßig eingefärbt werden, damit feine Konturen und Binnenstrukturen deutlich werden. Die eingekratzten (radierten) tiefer gelegenen Linien dürfen sich nicht mit Farbe füllen.

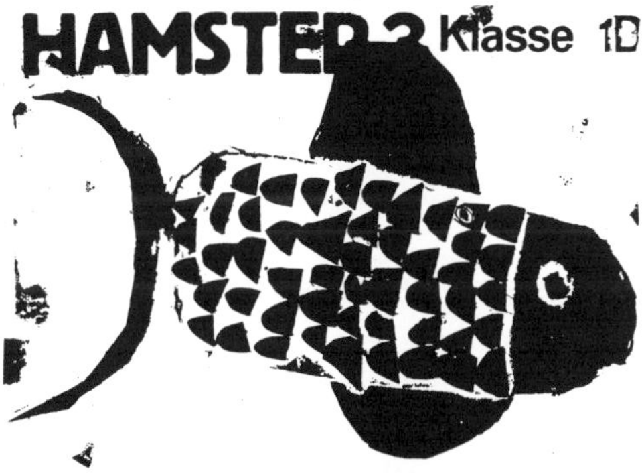

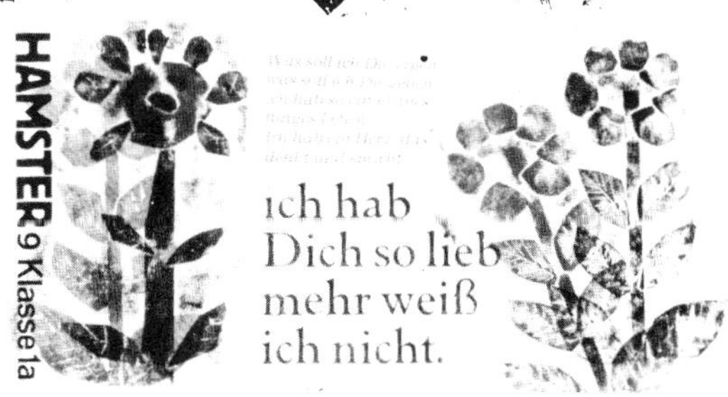

Abb. 65a Lesefibel, 3. Schj.

Abb. 65b Bremer Stadtmusikanten, 2. Schj.

Abb. 66 Zweifarbendruck, 1. Schj.

Zum *Drucken* nimmt man Schreibmaschinen-Durchschlagpapier, das vorsichtig aufgelegt und mit dem Handballen aufgedrückt wird. Man kann jedoch auch auf dem Boden mit Hilfe der Füße drucken. Dieser einfache Kartondruck kann variiert und erweitert werden.

Abb. 67 Mehrfarbendruck Abb. 68 „Puzzledruck“

Der mehrfarbige Kartondruck
Im zweiten Schuljahr können bereits mehrfarbige Drucke von einer Druckplatte gemacht werden. Der Druckstock wird mit einer Farbe überrollt und abgedruckt, anschließend derselbe Druckstock mit einer zweiten Farbe eingewalzt und versetzt gedruckt (Abb. 66).
Eine etwas schwierigere Art, mehrfarbig zu drucken, zeigt der Kopf in Abb. 67. Zunächst wird die Kopfform mit den Ohren auf eine Platte geklebt und mit heller Gesichtsfarbe gedruckt. Dann werden Nase und Mund ausgeschnitten, auf das Gesicht geklebt, mit dunklerer Farbe eingewalzt und auf das bereits abgezogene Gesicht gedruckt, Augen und Haare in ähnlicher Weise eingefügt, zuletzt die Kleider dazugedruckt. Selbstverständlich muß dabei der jeweilige Zustand in der gewünschten Auflagenhöhe durchgedruckt werden; dann erst ist die Veränderung des Druckstockes möglich.

Der „Puzzledruck“ (Abb. 68)
Zuerst wird die Form im ganzen ausgeschnitten und dann nach Plan in Einzelteile zerlegt, anschließend der Reihe nach verschiedenfarbig eingefärbt und wie im Puzzlespiel in der rechten Ordnung aneinandergedruckt. Ein Verfahren, das sich besonders für größere Formate – Plakate – eignet. Organisation und Sauberkeit sind nötig.

Druck mit Milch- oder Safttüten (Abb. 69)
Die Skizzenreihe a bis e zeigt, was wir brauchen und erläutert anschaulich die einzelnen technischen Schritte. Als Material dienen aufgeschnittene Milch- oder Safttüten, deren Innenseite mit Aluminium beschichtet ist. Auf diese dünne Schicht ritzt man mit einem Seitenschneide- oder Intarsienmesser das Motiv und zieht den Hintergrund ab – eine Abwandlung des Kartondruckes. Die Idee stammt von der Freinet-Bewegung.

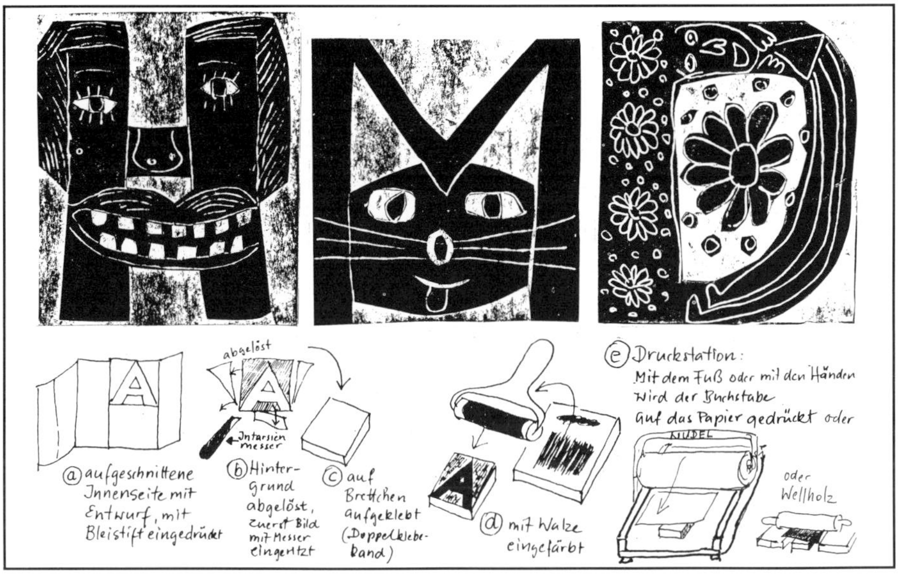

Abb. 69 Buchstabenbilder, 4. Schj.

Aus der Schuldruckerei von Josef Koranda in Ravensburg, Schulzentrum St. Josef, veröffentlichen wir im folgenden Protokoll, wie ein Schüler des zweiten Schuljahres eine Lehrerin in die Technik des Druckens einzuweihen verstand:

Woisch, z' erscht muscht lerna, wia ma d' Walza richtig ei'färbt. Do derf ma nemlich it bloß hin- und herwalza, sondern immer in oi Richtung. Und etz sagscht drzua: eins, zwei, – eins, zwei – und etz quer rum: eins, zwei, – eins, zwei.

Wenn no Farbpatza auf em Brettle sind, no muascht's halt nomol macha. Also etz schwätz: eins, zwei... Du muasch gucka, daß du beim Ei'walza immer in dem Viereck bleibsch und it drüber nausfahrsch. – Des hosch etz scho ganz guat kenna.

So, etz färbscht den Karton ei. Do muascht dr etz merka, daß ma bloß des ei'färbt, was drüber naus schtoht, also da Apfel, da Schtiel, da Butza ond s'Blatt. Au do muascht wieder sage und dr'zua in oi Richtung fahra: eins, zwei, – eins zwei. Wenn dr d'Farb it schtark gnuag isch, no gosch nomol zruck aufs Brettle und holsch neu.

So, etz wird druckt. Do legsch da Karton unta na ond s'Blatt oba. Probier's amol! (Ich fasse das Blatt an beiden Seiten und lasse es vorsichtig aus etwa 1 cm Höhe auf den eingefärbten Karton fallen). Fahr etz mit di Walze amol drüber, no wirscht scha, was du g'macht hoscht. (Das Blatt wird abgehoben.)

Siehscht, do sieht ma etz, daß du en A'fänger bischt! A kleins Schtückle von dem Blatt hosch nämlich abgschnitta. Aber des isch mir am A'fang au passiert, etz probier'sch glei nomol und legscht des Deckblatt richtig im rechta Winkel auf an oim Eck, no schtimmts.

Auf de vorher druckte Blätter müsset mir etz z'erscht en welliga Pappdeckel lega, daß se bis morga trockna könnet. Etz bin i gschpannt, ob du den Pappdeckel richtig rum drauf legscht; (Ich lege die gewellte Seite nach unten und werde gelobt): Des hosch etz prima g'macht, glei richtig!

Kartondruck im Rapport

Kartondruck bietet sich in vielen Variationen zur reizvollen Wiederholung im Rapport an, eine Sache, die sich für die oberen Jahrgänge der Hauptschule eignet.

Als Material nimmt man am besten gepreßten Karton wie Aktendeckel, der zu seiner Festigung einige Tage vor Gebrauch auf der Druckseite mit Leinöl eingelassen wird. Er soll möglichst nicht über die Größe von 8 bis 10 cm Seitenlänge hinaus zugeschnitten werden. Quadratische Blätter kann man auf die Spitze stellen und im Diagonalverband drucken (Abb. 70).

Bei der *Vorzeichnung* muß schon an den Schnitt gedacht werden. Wie beim Spitzenschnitt sollen alle Teile zusammenhängen und wegen des Druckes kräftig ausgeführt sein. Nicht nur aus technischen Gründen darf möglichst wenig herausgeschnitten werden, sondern auch deswegen, weil die weißen Stellen beim Abdruck wie vergrößert hervortreten und die Arbeit beeinträchtigen können.

Abb. 70 Stempel aus Karton, 7. Schj.

Die *Farbe,* am besten Druckerschwärze, wird behandelt wie beim Linolschnitt. Beim Einwalzen liegt der geschnittene Karton auf sauberem Zeitungspapier, das gewechselt werden muß, wenn es mit Farbe verschmutzt ist. Ob man dünnes, leicht durchscheinendes Papier auf den eingefärbten Schnitt legt, um es mit der Hand anzureiben, oder ihn umgekehrt auf ein dickeres Druckpapier legt und mit einer sauberen Gummiwalze oder dem Falzbein abzieht, hängt von Zweck und Material ab. Wichtig ist, schmutzige Stellen auf der Druckform-Rückseite mit Zeitungspapier abzudecken oder abzuwischen. Ebenso müssen beim *Aneinanderdrucken* die frischen Abzüge jeweils mit Papier geschützt werden. Beim Drucken dient eine dicke Zeitungsschicht als Unterlage.

Abb. 71 Hirsch und Jäger, 6. Schj.

Nochmals Kartondruck

Man kann Tierformen in verschiedenen Stellungen ausschneiden und zusammendrucken, doch liegt meist im Gruppieren der gleichen Formen die größere Wirkung. Jüngere Schüler können auch Häuser, Bäume, Blumen, Schiffe zusammenstellen. Auch hier dient beim Drucken eine dicke Zeitungsschicht als Unterlage. Notfalls benutzt man einen Holzhammer zum Anklopfen der Druckplatte.

Diese Kartonschnitte lassen sich auch im nassen farbigen Kleistergrund abdrücken, was eine gute Wirkung erzeugt. Es ist auch möglich, sie, mit Nadeln aufgesteckt, durch ein Spritzgitter mit Farbe zu übersprühen – auf Tonpapier mit Weiß oder passender anderer Farbe.

Kleiner Kartonstempel

Handelt es sich um kleine Formen, bis zu 3 cm Länge, kleben wir auf die Rückseite des Kartonstempels einen Griff aus einem dreimal geknickten Kartonstreifen, je nach Größe 1–2 cm breit, oder den Abschnitt einer Leiste aus Holz.

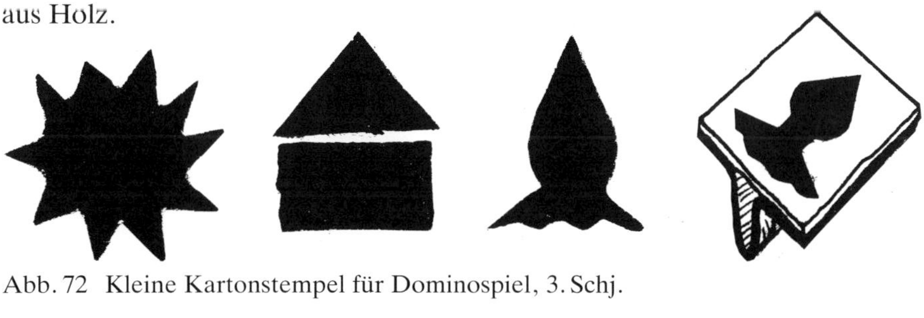

Abb. 72 Kleine Kartonstempel für Dominospiel, 3. Schj.

2.3 Kartoffeldruck

Das Drucken mit Kartoffelstempeln, eine allgemein bekannte Technik, ist bereits mit Zweitkläßlern möglich.

Aus gut abgelagerten Kartoffeln, unten eben, oben mit Ansatz zum Greifen, werden einfache Formen geschnitten. Es wird dringend angeraten, zunächst mit Quadraten und Dreiecken Versuche der reihen- und flächenhaften Zusammenstellung machen zu lassen, in zweierlei Farben, damit klar wird, welch reiche Kombinationsmöglichkeiten gegeben sind. Es kommt darauf an, daß man nicht mehr als zwei einfache, kleine Formelemente schneidet, die einander ergänzen, um dichte Flächenmuster zu bekommen (Abb. 73). Auch die zu bedruckende Fläche ist für den Anfang klein zu halten. Später können die gleichen Stempelformen durch Einschneiden, z. B. mit dem Geißfuß eines alten Linolwerkzeuges oder mit dem Messer, etwas aufgelockert werden. Beim Zusammenfügen der Einzelformen durch Neben-, Unter- und Ineinanderstempeln entstehen dekorative Reihen- oder Flächenmuster, nicht selten sogar neue Formgliederungen. Komplizierte oder gar unregelmäßige Stempelformen eignen sich nicht, da nur elementare Formen zu entsprechenden Ergänzungen und zu interessanten neuen Kombinationen führen.

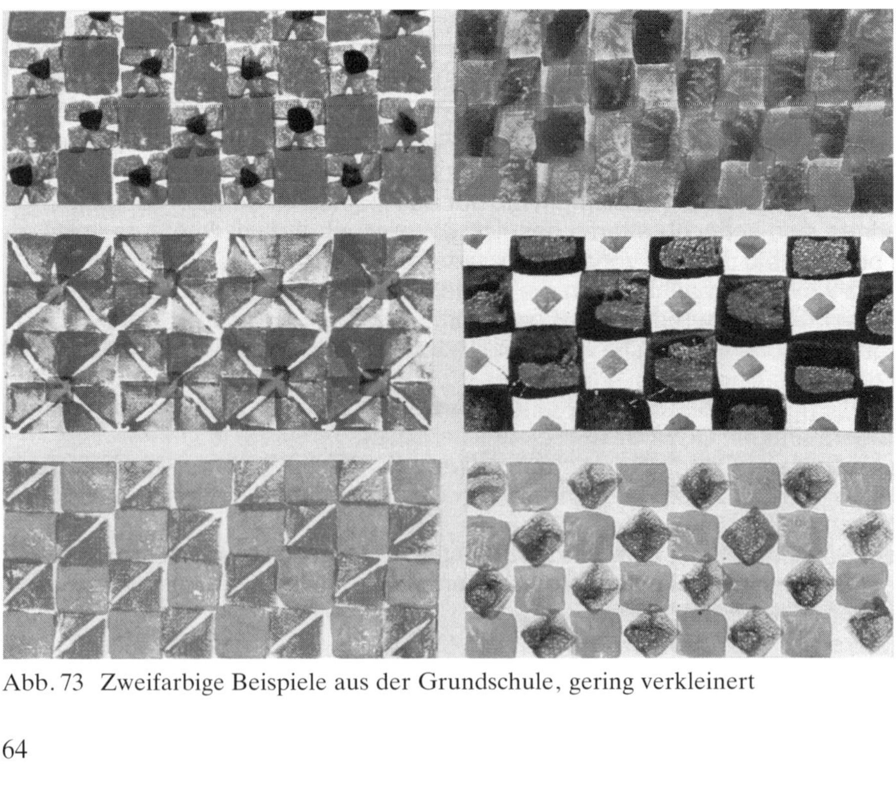

Abb. 73 Zweifarbige Beispiele aus der Grundschule, gering verkleinert

Sieben kleine Osterhasen, die in ihrem
Neste saßen, hüpfen fort zum Hühner-
stall, suchen Eier überall.
Sieben kleine Osterhasen, springen über
Beet und Rasen, bauen Nester weich
und fein, legen ihre Eier 'rein.
Willi Waldinger

Verweht von Schnee auf allen
Wegen sind der Menschen Spuren
Ein alter Mann in seinem Kahn
sitzt einsam noch und angelt
in der verschneiten Flut.

TAFEL 4 Gemalte Illustrationen zu Gedichten: „Sieben kleine Osterhasen“, DIN A4, 2. Schuljahr. „Verweht im Schnee“ auf Ingrespapier (mattgrün) (Ausschnitt), 9. Schuljahr

MATERIAL UND WERKZEUG

- feste, nicht zu wässerige Kartoffeln
- Messer mit glatter Kante zum Schneiden der Kartoffel
- altes Linolwerkzeug, z. B. V-förmiger Geißfuß, zum Einkerben der Kartoffel
- Kartonunterlage zum Schneiden
- Deckfarben, evtl. Deka-Stoff-Farben für Stoffdruck
- Borstenpinsel zum Mischen und Auftragen der Farben
- saugfähiges Papier, z. B. Ingrespapier oder helles Packpapier
- für Stoffdruck Naturmaterial (Nessel), ein Stück Filz als Stempelkissen

Abb. 74 Einfarbige Beispiele im Maßstab 1:1, HS

ZUR TECHNIK

Zunächst stellen wir den *Stempel* aus einer halbierten Kartoffel her. Um ein gleichmäßiges Quadrat, Rechteck oder Dreieck zu bekommen, schneidet jeder Schüler eine Schablone aus kariertem Papier (z.B. 2 × 2 Kästchen, 2 × 3 Kästchen), legt diese auf die feuchte, ebene Oberfläche der Kartoffel und schneidet alles Überstehende ab.

In Versuchen erproben wir den *Farbauftrag* und das *richtige Stempeln:*

- Die Farbe soll gut aufgerührt und nicht wässerig sein.
- Beim Stoffdruck wird ein Stempelkissen aus Filz zur richtigen Dosierung der Farbe verwendet.
- Zur Vereinfachung der Arbeit kann der Pinsel mit der linken Hand gehalten werden und das wiederholte Stempeln und Einfärben ohne Ablegen des Stempels mit der rechten Hand erfolgen.

Bei diesen Versuchen kommen die Kinder von selbst auf

Mustervariationen:

- durch Abstand zwischen den Stempeln,
- durch Verdrehen der Stempel,
- durch Verwendung von zwei verschiedenen Formen und Farben.

Jetzt stempeln die Kinder verschiedene Muster in mehreren Reihen. Der Lehrer steht ihnen beratend zur Seite und wählt mit ihnen das Muster aus, das sie auch vom Schwierigkeitsgrad her über eine ganze Fläche oder Borte bewältigen können.

Das *Drucken* auf dem Originalpapier bzw. -stoff sollte in einer Unterrichtseinheit geschehen, da sich der Stempel nicht über längere Zeit aufbewahren läßt: er schrumpft, und ein zweiter, formgleicher Stempel ist schwierig herzustellen. Es muß auch genügend Farbe gemischt sein, damit diese für die gesamte Fläche ausreicht. Dünne waagrechte Hilfslinien (beim Stoff werden diese gebügelt) erleichtern regelmäßiges Drucken; vor allem müssen die ersten Reihen stimmen. Der Arbeitsplatz ist gut vorbereitet, so daß die Kinder durchgehend ohne Störung stempeln können.

Für Kartoffeldrucke gibt es *zahlreiche Verwendungsmöglichkeiten:*

- Umschläge für Arbeitsmappen und Hefte
- Überzugspapiere für kleine und größere, evtl. selbsthergestellte Schachteln und Döschen
- Bezugspapiere für Sammelmappen und Ordner, Fotoalben und Bildermäppchen (Leporello)
- für Geschenktaschen und Geschenkpapier
- fertige Mappen, geschmückt durch Reihenumrandung
- bedruckte Stoffe für Puppenkleidchen, Kleider der Versteckpuppe oder für kleine Taschen und Kissen

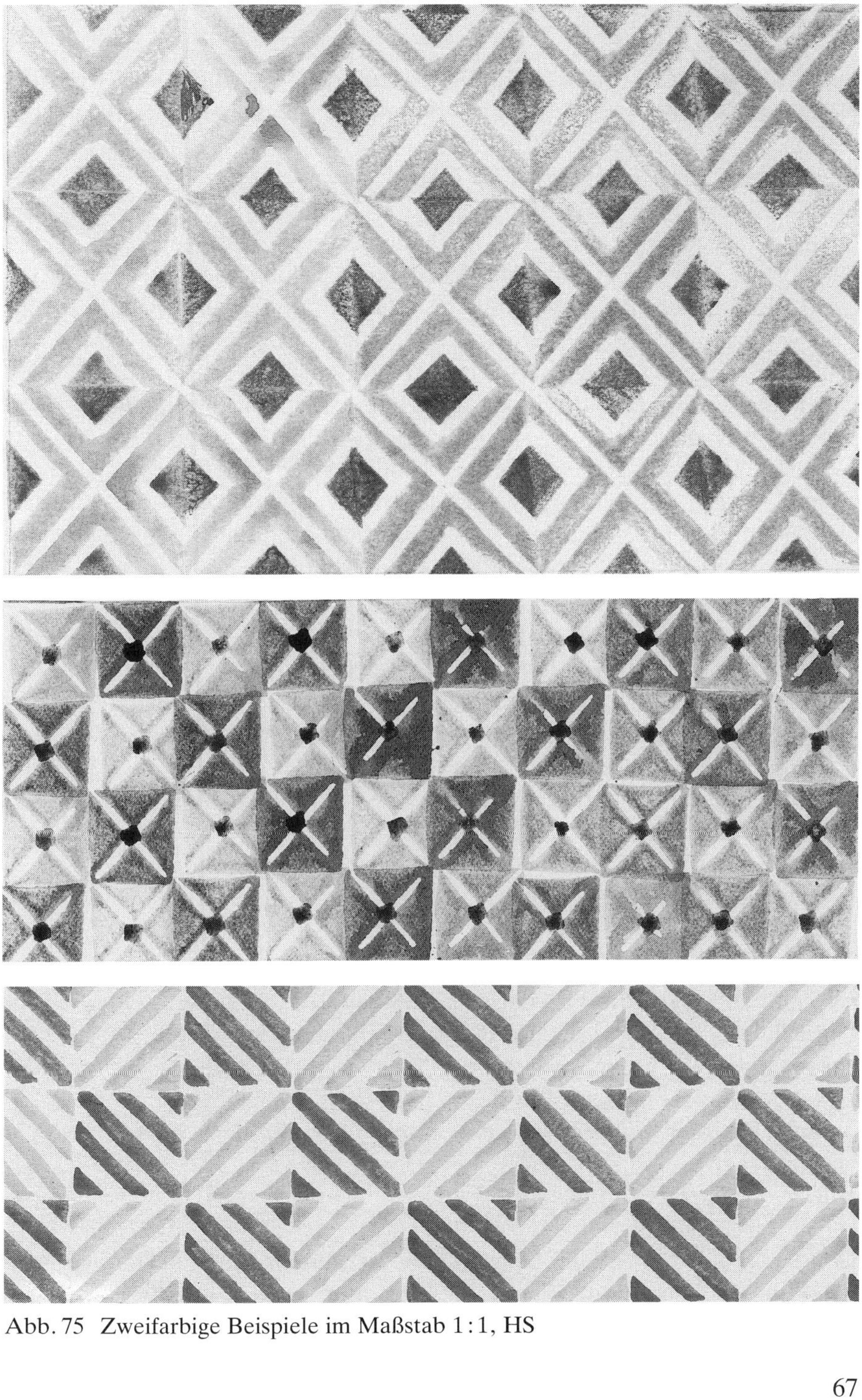

Abb. 75 Zweifarbige Beispiele im Maßstab 1:1, HS

2.4 Kordeldruck

Diese Druckart gehört (wie Linol-, Karton- und Kartoffeldruck) zu den Hochdruckverfahren. Spricht bei den anderen genannten Techniken mehr die Fläche, so wirkt hier die Linie.
Eine Kordel, eine Schnur, wird in gestaltender Weise auf einen Karton geklebt und dann mit einer Walze eingefärbt. Ein darüber gelegtes Papier nimmt die Druckfarbe von den Kordelfäden an, wobei die gedruckten Linien die typische gedrehte Struktur der Kordel oder Schnur wiedergeben.
Der Ursprung dieser Technik findet sich in der Bandkeramik der Jungsteinzeit, wo das gedrehte Schnurband ornamental in den weichen Ton eingedrückt wurde und wichtige Teile eines Gefäßes betonte oder gliederte.
Die Technik des Kordeldrucks ist recht begrenzt; man sollte sie nur anwenden, wenn man hierfür ein gut geeignetes Bildthema gefunden hat. Es kommt sehr darauf an, ob man die Schnüre in verschiedenen Längen zuschneidet, oder mit den langen ungeschnittenen Schnüren die Bilder ornamental aufbaut. Das Ornament selbst (für die Gestaltung eines Frieses oder eines Rahmens) ist ein besonders lohnendes Thema in dieser Technik.

MATERIAL UND WERKZEUG
- kräftiger Karton (z. B. Rückseite des Zeichenblocks)
- möglichst rasch trocknender Klebstoff
- Kordeln, Schnüre (besonders gut geeignet ist die sogenannte Wurstschnur). Am besten lasse man durch Schüler eine Schnursammlung machen und probiere die Wirkung der Strukturen an kleinen Musterbeispielen aus.
- Walzen und Druckfarben (siehe Linoldruck)
- saugende Druckpapiere (siehe Linoldruck)

ZUR TECHNIK
Es empfiehlt sich, die Gesamtform auf den Karton zu skizzieren, damit Grenzlinien und Detailzonen festliegen. Ein dichtgefügtes Motiv ist günstiger als eines mit großen Zwischenräumen, weil diese beim Einwalzen der Druckfarbe leicht mitgefärbt werden.
Notfalls legt man Kartonstücke ein, damit die Walze den Untergrund nicht berühren kann.
Überschneidungen sind nicht möglich, weil die Schnüre nicht übereinandergelegt werden können und ein Zerstückeln an solchen Stellen unschön wirkt.
Um die Geduld der Schüler beim *Kleben der Kordelschnüre* nicht unnötig zu strapazieren, könnte auf Klebefolie gearbeitet werden, die ihrerseits dann auf den tragenden Karton aufgezogen wird.

Beim *Einwalzen mit Farbe* muß man ein wenig behutsamer als beim Linol- und Kartondruck vorgehen. Zuviel Farbe läßt die Strukturen der Kordelschnur ertrinken, und gerade sie macht den Reiz dieses Druckverfahrens aus.
Das Abziehen sollte zuerst mit der Hand vorgenommen werden. Kordeldrucke können aber auch durch die Handdruckpresse laufen.
Kleine Kordelstempel werden handlicher, wenn wir auf die Rückseite Holzklötzchen kleben.

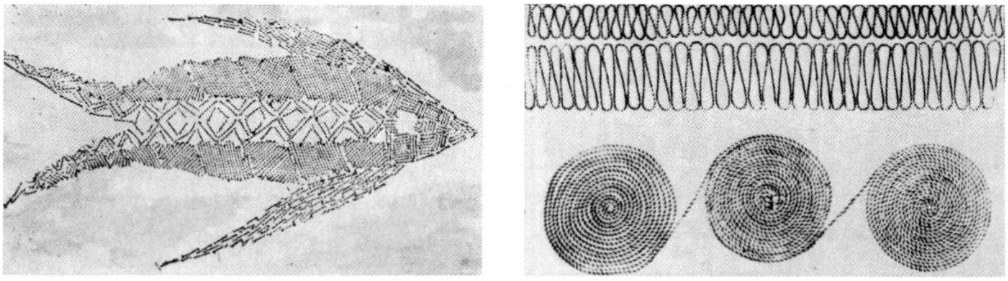

Abb. 76 Fisch, Wellen und Spirale, 6. Schj.

2.5 Monotypie

Die Monotypie gehört zu den grafischen Mischverfahren zwischen der Handzeichnung und dem manuell zu vervielfältigenden Bilddruck. Sie ist keine Vervielfältigungstechnik, steht jedoch dem Hochdruck am nächsten; es wird ein einmaliger Abdruck hergestellt.
Die Monotypie, in den Schulen kaum gepflegt, aktiviert selbst die zaghaften Kinder. Für den verquälten Zeichner erweist sie sich geradezu als *die Lockerungstechnik.* Doch um die Gefahr einer gewissen Flüchtigkeit dieser leicht zu handhabenden Arbeitsweise zu vermeiden, empfiehlt es sich, allgemein verbindliche Gestaltungsaufgaben zu stellen.

MATERIAL UND WERKZEUG
- Glas- oder Linolplatte
- Japan-Aqua-Linoldruck- oder Öldruckfarbe
- Gummiwalze zum Einfärben der Farbträgerplatte
- ein saugfähiger Bogen Papier (Makulatur, Seiden-, Japan- oder Schreibmaschinenpapier)
- Bleistift, Kugelschreiber

ZUR TECHNIK
Die Glas- oder Linolplatte wird hauchdünn, doch deckend mit der gewünschten Farbe eingewalzt, das Papier leicht aufgelegt und darauf gezeichnet. Dabei darf die zeichnende Hand nicht auf das Blatt zu liegen kommen,

da durch jeden Druck Farbe an das Papier gepreßt wird. Die Zeichnung, mit Bleistift, Kugelschreiber oder dem bloßen Fingernagel ausgeführt, drückt sich auf der anderen Seite des Papiers als dunkle Linearzeichnung ab. Leichtes bis kräftiges Andrücken mit Fingerkuppe, Daumen oder Handballen ergibt eine flächenhafte Tönung, die Dicke der benützten Stifte verschiedene Strichwirkungen.

Vor der eigentlichen Durchdrückzeichnung kann das angestrebte Bild skizziert werden. Die Skizze dient dann als ungefähre „Drückspur". Nach vorsichtigem Abziehen des Papiers erscheint das Bild seitenverkehrt. Die auf der Farbplatte zurückbleibende Zeichnung erscheint weiß, ähnlich einem Weißlinien-Linolschnitt. Sie läßt sich nun direkt abdrucken, indem man einen Bogen Papier mit einer sauberen Walze fest andrückt.

Farbige Monotypien lassen sich durch Verwendung von mehreren, verschiedenfarbig eingewalzten Platten gestalten. Dabei wird zunächst auf die hellste Platte durchgezeichnet, nach dem Abziehen die Zeichnung auf der nächsten Farbplatte weitergeführt usf.

Aus den vielen Möglichkeiten des Zusammenspiels von Linien und Flächen, in denen auch der Zufall eine gewisse Rolle spielt, ergibt sich eine malerische Wirkung dieser Technik. Auch führt sie den Schüler von zunächst linearem zu flächigem und weiter zu plastisch-modulierendem Gestalten, aber auch zur Verfeinerung seines Empfindens für Graustufen.

Abb. 77 Stilleben, 8. Schj.

2.6 *Tiefdruckverfahren*

Die Technik des Tiefdruckes ist ein klassisches Reproduktionsverfahren von Zeichnungen. Während bei der Radierung die Zeichnung vertieft in die Metallplatte (meist Kupfer) geätzt wird, graviert man bei Kupferstich und Kaltnadelradierung in die Platte: den *Kupferstich* mit kantig geschliffenem Werkzeug *schiebend,* bei der *Kaltnadelradierung* mit spitzem, nadelartigem Werkzeug *ziehend.* In beiden Techniken bleibt das herausgehobene Metallmaterial an einer oder an beiden Seiten der vertieften Furche als erhabener Grat stehen. Weil man in der Spätgotik und Renaissance in präzise modellierenden Linien gearbeitet hat, empfand man diese Grate beim Druck als verunklärend und schliff sie weg, so daß die gedruckten Linien haarscharf erschienen. Als im Barock und später malerisch schummernd empfunden wurde, ließ man die Grate bei der Kaltnadelradierung stehen. An den ungleichmäßigen Graten bleibt beim Einschwärzen unregelmäßig Druckfarbe hängen; es entstehen weiche, etwas tonig wirkende, leicht ausgefranste Linien.

Moderne Materialien ermöglichen uns heute vereinfachte Formen der Kaltnadelradierung, hier zwei Beispiele:

2.61 *Kaltnadelradierung auf Wachskarton*

Diese Technik kann bereits in der Grundschule angewandt werden. Da sie aber verhältnismäßig hohe Anforderungen an Konzentration, Verständnis, Feinmotorik, Ausdauer und Kraft stellt, müssen die Kinder durch *geeignete Themen,* z.B. aus der Märchen- und Zauberwelt, gut motiviert und mit Einzelheiten vertraut sein. Nur so entstehen phantasievolle und ausdruckstarke Bilder.

Den Kindern sollte klar sein, daß der Sinn dieser Technik in der Vervielfältigung liegt. Wir drucken z.B. ein Bilderbuch: Jedes Kind gestaltet einen Teil der Geschichte, und die gedruckten Blätter werden ausgetauscht.

Wie bei vielen Techniken empfehlen wir auch hier dem Lehrer, den Arbeitsvorgang zu erproben und Unterlagen vorzubereiten, die diesen veranschaulichen.

MATERIAL UND TECHNIK

- Druckplatte aus Wachskarton mit Aluminiumfolie beschichtet, z.B. Verpackungskarton von Negerküssen
- Radiernadeln: Sparrennägel, 10–15 cm lang, sorgfältig mit der Feile oder der elektrischen Schleifmaschine schlankgespitzt; sie liegen besser in der Hand, wenn sie mit Tesa-Krepp umwickelt sind.
- Weiches, saugfähiges Papier, z.B. Papiertaschentücher oder Servietten bester Qualität

- wasserlösliche Linoldruckfarbe (Japan-Aqua)
- nichtsaugendes Material, z. B. Plastiktüten, zu Tampons geformt, zum Einreiben der Farbe
- leicht saugende Stofflappen oder Nylonstrümpfe zum Säubern der Platte
- Mischbrett für die Farbe
- Wellholz (wird schmutzig) oder Flasche mit kurzem Hals (Bierflasche) anstelle der Walzenpresse

ZUR TECHNIK

Man beginnt frühzeitig mit dem *Sammeln von Verpackungskarton,* z. B. von Getränken oder Negerküssen, wobei man darauf achtet, daß er nicht mit einer zweiten Plastikschicht überzogen ist, da sich diese beim Einritzen etwas ablöst. Nach dem Säubern schneiden wir größtmögliche Stücke aus der Verpackung.

Der erst auf Papier gezeichnete *Entwurf* wird mit zugespitzter Nadel frei in die Platte eingeritzt. Die Linien muß man zur Hand hin ziehen. Aufgrund dieser Technik ergeben sich andersartige Gestaltungsmöglichkeiten als bei der Zeichnung.

Für den *Druckvorgang* sollte alles benötigte Material mit den Schülern hergerichtet werden:

Die Taschentücher oder Servietten müssen, damit sie die Farbe besser aus den Ritzen aufnehmen, angefeuchtet werden. Da nasse Papiertücher leicht reißen, legt man sie zum Anfeuchten auf ausgebreitete, nasse Papierhandtücher in Lagen. Dies sollte eine Weile vor dem Druck geschehen, damit die Feuchtigkeit gleichmäßig durchzieht.

Die *Farbe* verteilt man auf ein Mischbrett, von dem dann jedes Kind mit seinem nichtsaugenden Tampon die Farbe aufnimmt.

Für den Druckvorgang benötigt man eine *glatte feste Unterlage* (Tisch), daneben stellt man die Walzen bereit.

Wenn alles vorbereitet ist, beginnt der Druck.

Die *Farbe* wird mit dem Plastiktampon sorgfältig in die Ritzen eingerieben und anschließend die Oberfläche mit etwas Saugendem, z. B. alte Nylonstrümpfe, wieder abgewischt. Da die Hände bei dieser Arbeit schmutzig werden und die Drucke deshalb schwarze Flecken bekommen, schickt man die Kinder jetzt zum Händewaschen.

Die *abgewischte Druckplatte* legt man auf den vorbereiteten Arbeitsplatz, darauf, sorgfältig geglättet, das feuchte Papiertaschentuch und darüber einige Lagen Papierhandtücher. Das Ganze rücken wir an die Tischkante, setzen die Flasche bzw. das Wellholz vorne an, drücken mit möglichst viel Körpergewicht darauf und rollen die Walze einmal über das Papier. Bei mehrmaligem Darüberwalzen kann sich das Papier verschieben!

Wir betrachten das *Ergebnis:* Ist der Druck verschwommen, war das Papier zu naß; ist er zu schwach, war es zu trocken, oder der Preßdruck war zu gering. Vielleicht wurde in die Ritzen zu wenig Farbe eingerieben oder zu viel aus ihnen herausgewischt. – Das alles hört sich viel schwieriger an, als es ist. Vor der Arbeit mit der Druckplatte gibt man den Schülern am besten genügend Zeit zum Ausprobieren der Technik auf Reststücken des Verpackungsmaterials.

Die schönsten Erlebnisse sind das Herstellen guter Drucke und das gemeinsame Zusammenstellen eines Bilderbuch-Geheftes oder das Aufkleben des getrockneten Druckes auf Karton, evtl. mit einem Passepartout versehen. Von einer Druckplatte lassen sich 10–20 brauchbare Drucke abziehen.

Abb. 78 Szene aus dem Märchen „Die drei Spinnerinnen“, 1./2. Schj.

Abb. 79 Schlittenfahrt, 7. Schj.

Abb. 80 Szene aus dem Märchen „Jorinde und Joringel“, 7. Schj.

Abb. 81 Original-Tiefdruckplatte aus Wachskarton, alubeschichtet

2.62 *Farbige Kaltnadelradierung in der Grundschule*

Für Lehrer und Schüler, die bereits einige Erfahrung im Drucken gesammelt haben, bietet sich durch diese Technik eine Variationsmöglichkeit. Dabei wird die grundsätzliche Arbeitsweise der Kaltnadelradierung mit kleinen, grundschulgerechten Veränderungen angewandt.
Als mögliche Themen bieten sich Bereiche aus dem Sach- und Heimatkunde- oder dem Deutschunterricht zur Gestaltung in Kunsterziehung an (Abb. S. 76).

MATERIAL UND WERKZEUG
- Nagel als Radiernadel
- Einfärbeballen oder Fingerling
- Rhenalon, transparente Kunststoffplatten, 0,5 mm (aus dem Gerstäcker Kunstkatalog)
- puddingartige Limographenfarbe gemischt mit
- Lefranc-Kupferdruck-Farben (aus dem Fachhandel, z. B. Fa. Gerstäcker, Eitorf)
- zur Erprobung verschiedene Sorten Papier (rauhes, glattes, dünnes)
- zum Drucken Japan-Simili-Karton, 140 g zweifaches Volumen
- weicher Schwamm (Naturschwamm) zum Anfeuchten des Papiers
- Offset-Karton und Filz für den Druckstock
- Trocknungspappen
- resopalbeschichtete Holzplatten
- Druckpresse

ZUR TECHNIK
Als Vorbereitung zu unserer Arbeit fertigen wir zunächst unser Werkzeug:
Die *Radiernadel* kann auf einfache Weise hergestellt werden, indem man durch einen Flaschenkorken einen Nagel schlägt, so daß unten die Spitze heraussteht; diese wird anschließend mit Schmirgelpapier nachgeschliffen. Für die schwierigere, aber handlichere Art wird in einen Rundstab ein Nagel eingeschlagen. Zuerst muß man die Nagelspitze aber mit dem Hammer leicht stumpf anschlagen, sonst spaltet sich das Holz. Der Nagel muß oben 2 bis 3 cm herausstehen, dann wird mit einer Zange der Nagelkopf abgezwickt und zum Schluß durch Feilen und Schleifen eine Spitze geformt.
Zum *Einfärben* brauchen wir einen Einfärbeballen oder einen „Fingerling".
Die Herstellung ist an der Skizze erkennbar.
Der Lehrer zeigt den Kindern, wie ein Fingerling hergestellt und wie auf der Kunststoffplatte eine Zeichnung eingeritzt wird. Dazu ist eine möglichst vertikale Haltung der Nadel notwendig. Außerdem demonstriert er das Einfärben der Ritzung und das Drucken auf befeuchtetem Papier.

– Das Sieb wird zusammengesetzt

– Das Sieb wird an einer Ecke abgehoben

– Der Rahmen wird abgenommen

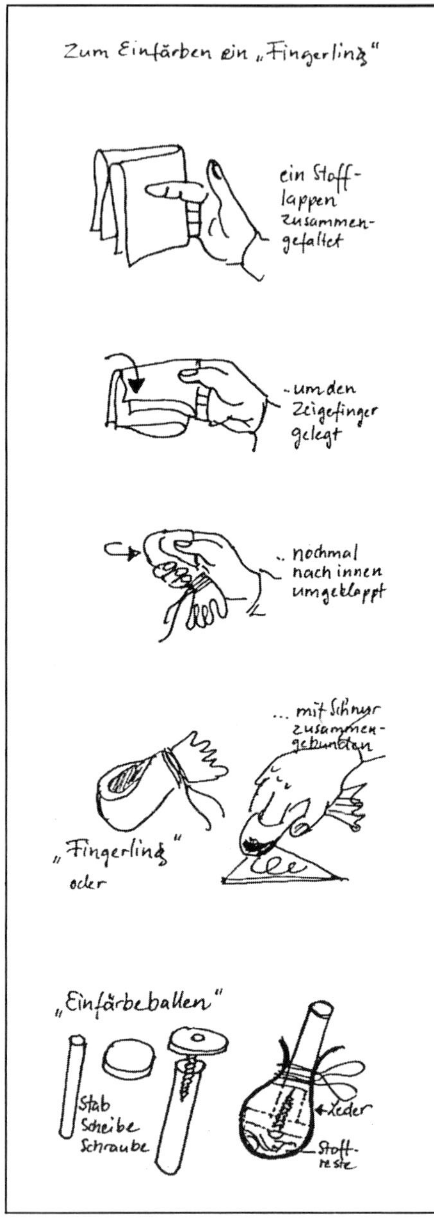

Abb. 83 Fingerling

Abb. 82 Im Original farbige Radierungen zum Thema „Papierschöpfen", 4. Schj.

Jedes Kind bekommt für *Versuchszwecke* in einem Döschen einen kleinen Löffel voll Limographenfarbe, einen Kunststoffabschnitt, verschiedene Sorten Papier und Kartonstreifen zum freien Experimentieren mit nach Hause. Aus diesen Vorerfahrungen und verschiedenen gelungenen und vor allem mißlungenen Resultaten kristallisieren sich sehr schnell brauchbare Regeln für das Drucken in der Schule heraus. Gedruckt wird mit Füßen, Wellhölzern und resopalbeschichteten Brettern. Die Schüler lernen aus Erfahrung im Tun, was sie zu einer selbständig denkenden Arbeitshaltung führt.

Die Erfahrung zeigt, daß sich Rhenalonplatten für die Kinder zur Bearbeitung und zum Drucken gut eignen. Die Zeichnung kann unter die transparente Platte gelegt und exakt wiedergegeben werden. Gleichmäßige und feine Linien sind leicht in die Platte einzukratzen. Auf dem Overhead-Projektor lassen sich die Arbeiten (Druckstock) groß an der Wand zeigen, um Plattenton und Komposition zu besprechen.

Das wertvolle Druckpapier wird erst für die endgültigen Drucke verwendet. Mehrere Papiere werden mit dem weichen Schwamm beidseitig feucht eingestrichen und zwischen zwei resopalbeschichtete Holzplatten 30 Minuten vor dem Druck gelegt. Die Feuchtigkeit muß gut in das Papier einziehen. Durch Erfahrung findet man den richtigen Feuchtigkeitsgrad (siehe 2.61, Seite 72/73).

Die *Einfärbeprozedur* läßt sich durch folgende Schritte beschreiben:

1. Die *Zeichnung* mit dem Fingerling in kleinen Kreisen, nicht entlang der Linie, sondern gegen die jeweilige Linie, mit schwarzer Farbe einreiben.
2. Den *Hintergrund* mit verschiedenen Farben, für jede Farbe einen anderen Fingerling, betupfen.
3. In Zickzackbewegungen und kleinen Kreisbewegungen die *Farben verteilen.*
4. Mit dem Einfärbeballen oder Fingerling *überschüssige Farbe* wieder leicht kreisend wegnehmen.
5. Mit dem Handballen die *Flecken* leicht kreisend verteilen.
6. Mit Fingerkuppen oder Handballen über die Linien jeweilige *Partien und Farbabgrenzungen verwischen.*
7. Wenn *helle oder weiße Flächen* zu erzeugen sind, mit den Fingerkuppen stark reiben.

Ein guter Druck entsteht nur durch starkes Aufdrücken. Deswegen empfiehlt sich die Verwendung einer Druckpresse. Das befeuchtete Papier wird auf den Druckstock (Platte) gelegt, darauf kommen ein leicht nachgebender Karton und ein fester Filz. Richtiges Einfärben und richtig befeuchtetes Papier sind die entscheidenden Faktoren eines gelungenen Druckes.

Die Radierung wird zum Schluß zwischen Trocknungspappen gelegt.

2.63 *Kaltnadelradierung auf Kunststoffplatte und Metall in der Hauptschule*

Die Technik der Kaltnadelradierung kann im Schwierigkeitsgrad gesteigert werden, wenn man als Druckplatte widerstandsfähigeres Material – Kunststoff oder Metall – verwendet. Es gestattet auch eine größere Anzahl von Abdrucken. Empfehlenswert ist diese Art der Radierung allerdings erst im Hauptschulalter.

Voraussetzung für einen guten Druck ist die Beherrschung der Technik. Aber die beste Technik nützt nichts, wenn die Zeichnung schlecht ist. Das Zeichnen darf nicht vernachlässigt werden. Man sollte diese Vervielfältigungstechnik den Schülern erst dann anbieten, wenn sie bereit und fähig sind, gut zu zeichnen. Dazu gehört vor allem, daß die Zeichnenden nicht nur Linien ziehen, sondern daß jeder Strich etwas aussagt. Die Gefahr des leeren Gestrichels ist bei Kindern und Erwachsenen groß. Ebenso ist das Ziel bloß grafisch reizvoller Grauwerte an sich fragwürdig. Grafische Strukturen sollen Binnengliederung des Gegenstandes sein und keine willkürliche Muster oder Verzierungen (siehe auch: Grundsätzliches zum Zeichnen, Seite 8).

MATERIAL UND WERKZEUG

- Kunststoffplatte aus Rhenalon, Astralon oder
- dünne Aluminiumplatte, 0,5 mm stark – erhältlich in Fachgeschäften oder im Schulbedarfs-Versand, z. B. Fa. Kaut-Bullinger, München, oder Fa. Gerstäcker, Eitorf
- ölhaltige Druckerschwärze oder wasserlösliche Japan-Aqua, schwarz oder farbig
- gutes, spezielles Tiefdruckpapier (Fachhandel)
- Zeitungen, dünne Filzplatte
- Linolpresse zum Drucken
- weiteres Material siehe „Kaltnadelradierung auf Wachskarton" (2.61, Seite 71/72)

ZUR TECHNIK

Zunächst wird das Bild mit Bleistift auf Papier gezeichnet, dann die durchsichtige Platte daraufgelegt und diese evtl. angeklebt, schließlich pausend geritzt. Dabei ist die freie Variation der nur großzügigen Vorzeichnung durchaus erstrebenswert. Die Technik zwingt zwar nicht unbedingt zu exaktem Arbeiten, aber es ist doch leichter, die Schüler zum exakten Gravieren anzuleiten, weil der Widerstand des Materials dies fördert. Je tiefer und damit auch dicker die Linien, Haken und Punkte werden, desto stärker erscheinen sie nachher im Druck. Selbstverständlich kann man jede Einzelform

durch Nacharbeiten vertiefen. Es empfiehlt sich, möglichst bald Abzüge von der noch unfertigen Druckplatte zu machen (Zustandsdrucke). So kann man die bisherige Arbeit besser beurteilen und eine weitere Gestaltung überlegen. Die fertige Druckplatte wird mit Druckfarbe eingewalzt, danach die Farbe in die vertieften Linien gerieben und anschließend die leere Grundplatte so abgewischt, daß die Farbe nur in den vertieften Linien bleibt (siehe auch 2.61, Seite 72/73).
Das Drucken erfolgt in einer Linolpresse unter starkem Druck auf das etwas angefeuchtete saugfähige Papier. Einige Lagen Zeitungen und eine dünne Filzplatte legen wir bei, um den Preßvorgang ausgleichend zu übertragen. Die Ränder der Druckplatte prägen sich dabei deutlich in das Papier ein. Da auf dem leergewischten Grund der Platte immer noch ein Hauch Farbe bleibt, entsteht auf dem Druck der sog. „Lappenton". Je nach Stärke des Farbauftrages und je nachdem mehr oder weniger weggewischt wird, erscheint jeder Abzug anders.

Abb. 84 Frösche (die Technik ist für Neigungskurse in der Hauptschule zu empfehlen.)

2.64 Ätzradierung

Eine weitere Möglichkeit der Kaltnadelradierung bietet die Ätzradierung auf Metall (Zink, Kupfer, Messing, 1–2 mm stark) oder auf Astralonfolie. Ihr Vorteil ist, daß man weniger Kraft benötigt und die Strichtiefe durch die Ätzdauer bestimmt wird. Die Schülergruppe für diese Technik sollte aus maximal zehn Kindern bestehen.

MATERIAL UND WERKZEUG
– Metall, Zink, Kupfer oder Messing, 1–2 mm stark
– Metallfeilen

- Schraubstock mit Schutzbacken
- Kratz- und Schabewerkzeug, z. B. gespitzte Holzstäbe, Nadeln, Nägel
- Terpentin
- säurefester Asphaltlack oder schwarzer Ätzgrund
- Ätzbad: Eisen-III-Chlorid (Fachhandel),
- säurefeste Plastikwanne
- Holz- oder Metallgreifzange
- Gummihandschuhe
- saugfähiges Druckpapier, z. B. Bütten- oder Kupferdruckpapier
- Tiefdruckfarben (Fachhandel, siehe auch 2.62)
- Ledertampon oder Plastiktampon (siehe auch 2.61)
- Stramin (Mullgewebe) oder anderes steifes Gewebe (2.61)
- Druckpresse (2.62)

ZUR TECHNIK

Zunächst wird die *Metallplatte* vorbereitet: der Rand im Schraubstock leicht schräg gefeilt (Facette) und anschließend mit Terpentin entfettet. Den flüssigen Ätzgrund oder Abdecklack trägt man mit dem Pinsel gleichmäßig dünn auf.

Auf die so präparierte und gut getrocknete Platte kann man mit dem Werkzeug die *Zeichnung* einkratzen. Dafür haben wir nur Linien und Punkte zur Verfügung, Grautöne können durch feine Strichlagen erreicht werden. Durch nochmaliges Teilabdecken lassen sich Korrekturen vornehmen.

Abschließend deckt man die Rückseite der Platte mit säurefestem Asphaltlack ab und legt die Platte in das *Ätzbad:* Eisen-III-Chlorid als Granulat ist das ideale Ätzmittel (Gerstäcker); es ergibt eine ruhige und sicher arbeitende Ätzlösung, entwickelt keine Gase und ätzt gleichmäßig Zink, Kupfer und Messing.

Abb. 85 Kopf, 5. Schj.

Abb. 86 Madonna, 5. Schj.

Abb. 87 5. Schj.

Ein *Beobachten des Ätzvorganges* ist wichtig; die Schale sollte laufend bewegt werden. Es empfiehlt sich, vor der Hauptätzung eine Ätzprobe mit Abfallstreifen unter den gleichen Bedingungen der Hauptätzung anzufertigen.
Während der Arbeit ist Vorsicht geboten. Spritzer von Eisenchloridlösungen verursachen Rostflecken auf Kleidung!
Zum *Ansetzen* gilt folgende Faustregel: Eisenchlorid und Wasser werden im Verhältnis 1:1 gemischt; also 1 Dose (1000 ml) Eisenchlorid-Granulat wird mit 1 Liter Wasser gemischt. Nach 5 Sekunden Ätzdauer zeigt sich ein erstes zartes Hellgrau, das durch jeweils weitere 5 bis 10 Sekunden intensiver wird. Die Ätzdauer kann jeweils um 1 bis 2 Minuten verlängert werden, wobei sich dunklere Töne ergeben.
Nach dem Ätzvorgang wird die Platte gewaschen und der Ätzgrund mit Terpentin entfernt.
Der Druckvorgang bei der Ätzradierung entspricht genau dem der Kaltnadelradierung auf Kunststoff.

3. SCHRIFT UND SCHREIBEN

„Ist nicht Schrift die häufigste Art der von Menschen gestalteten Form, die gangbare Scheidemünze für den täglichen Gebrauch? – Hand aufs Herz: Die meisten unter uns haben es vergessen, daß jeder geschriebene Zug gestaltete Form sein will, und wir erinnern uns nur bisweilen daran; so, wenn wir etwa hören, daß bei den Chinesen das Schreiben und das Malen fast eines waren und, daß man dort Schriftzeichen von Meisterhand nicht weniger verehrt als kostbare Landschafts- und Blumenbilder.“ *(Hans Herrmann)*

Im Gegensatz zu den übrigen bildnerischen Bereichen, bei denen durch angestrengte Übung die Spontaneität und damit die Qualität der Werke fast immer leidet, erreicht man sein Ziel – die wohlgeformte Schrift – nur durch ausdauernde und konzentrierte Übung. Die Bestätigung dafür sieht der Lehrer oft darin, daß bei einem gut geführten Schreibunterricht auch jene Schüler gute Schriften schreiben lernen, die bildnerisch nicht so begabt sind. In diesem Sinne ist es für den Schüler besonders wichtig, sich durch ausdauernde Übung und Fleiß die Technik des Schreibens anzueignen, wichtiger als in den anderen bildnerischen Fächern. Es befreit den Schüler, sich im Schreiben auf gute Form konzentrieren zu können.

3.1 Zierschriften

Die Abbildung 88 zeigt ein Musterblatt mit zwei Schriften, die Hans Herrmann als Fachberater für den Zeichenunterricht in den Münchner Volksschulen vorschlug, und dic das Schulamt für die Schulen als verbindlich einführte.

Auf die Rückseite des Musterblattes setzte H. folgenden Kommentar: »Die abendländischen Schriftzeichen haben eine ehrwürdige Tradition, ihre Grundzüge sind durch langen Gebrauch aufs beste ausgebildet und vertragen keine Änderung. Trotz ihrer Einfachheit verlangen sie aber eindringliche Mühe des Schreibenden. So lohnt sich dabei ausreichender Zeitaufwand viel besser als flüchtige Beschäftigung. In allen Klassen der Volksschule mit Zeichenunterricht soll dem Schreiben der Zierschrift genügend Zeit gewidmet werden. Gotische oder Frakturschriften sollen klassenweise nicht geschrieben werden; auch schräg liegende Abarten, insbesondere die technische Spezialschrift nach DIN zu üben, ist keine allgemeine Aufgabe der Volksschule.«

FORM

Die Buchstaben haben nur Senkrechte, Waagrechte oder Schräge und Rundformen. Ihre Breite ist sehr ungleich und sollte nicht absichtlich auf ein möglichst gleiches Mittelmaß gebracht werden. In keinem Fall richtet sich die

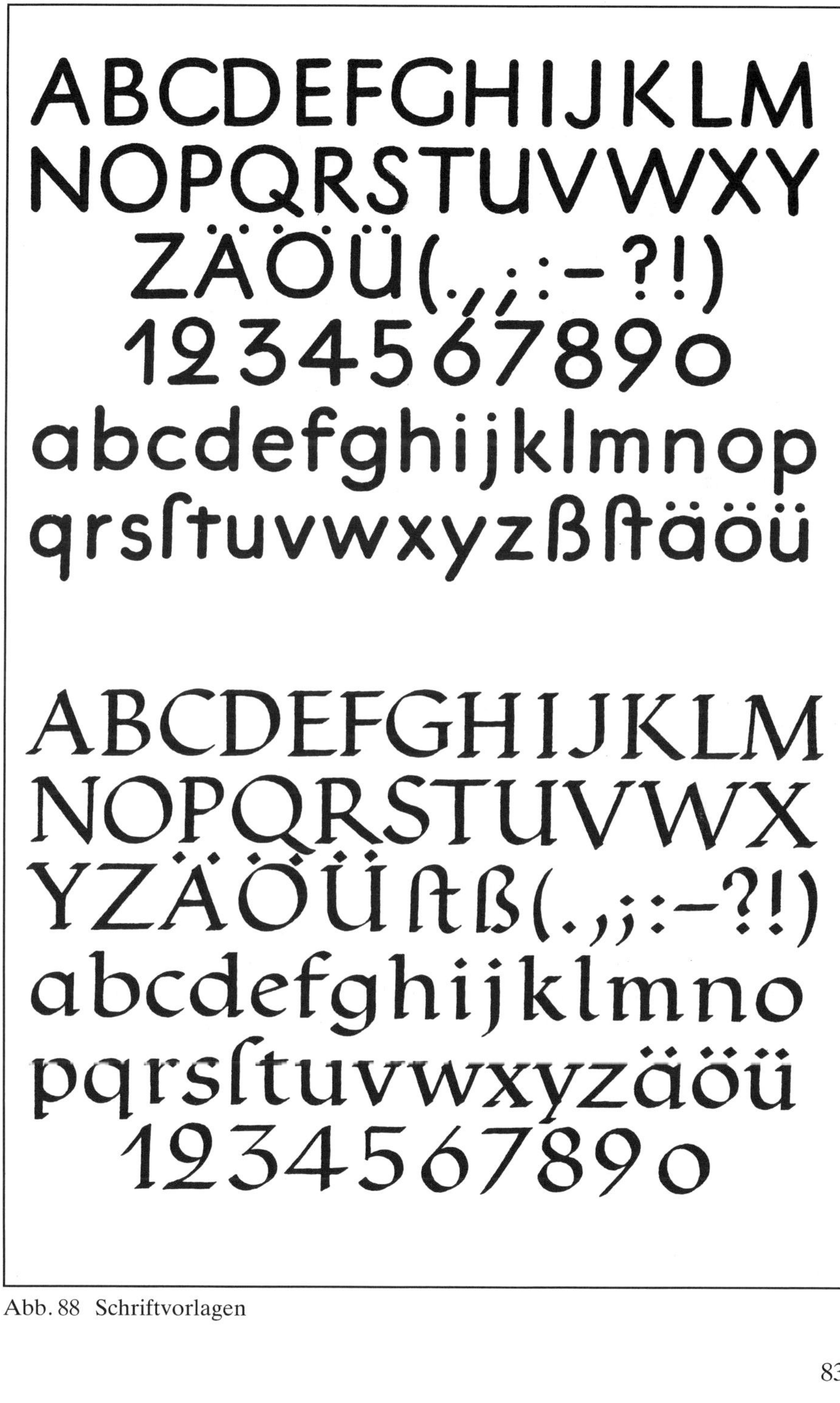

Abb. 88 Schriftvorlagen

seitliche Ausdehnung der Buchstaben nach einer senkrechten Linieneinteilung des Blattes in sogenannte „Häuschen“. Besonderes Augenmerk muß darauf gelenkt werden, daß die runden Großbuchstaben voll und nicht eng gedrückt werden. Die Statur der Schrift, insbesondere der großen Zeichen, ist breit und kraftvoll, nicht eng und schmächtig. Die kleinen Querstriche an den Enden der Breitfederschrift sollen so bemessen sein, daß links und rechts ein Dreieck über den Strich hinaussteht, an dem das „Köpfchen“ angebracht ist.
Im Wort sollen die Buchstaben so gesetzt sein, daß weder Verdichtungen noch leer erscheinende Stellen entstehen. Im Satz dürfen die Worte nur so weit voneinander getrennt werden, daß sie als einzelne noch erkennbar sind; nicht weiter! Großbuchstaben brauchen reichlich Raum zwischen sich, Kleinbuchstaben können etwas enger beisammen stehen.

TECHNIK

Feder: Für das oben stehende Alphabet Schnurzugfeder 2 mm breit, für das unten stehende Alphabet Bandzugfeder 2 mm breit; doch kann hierfür auch die Breite 2,5 mm genommen werden. In beiden Fällen Höhe der Großbuchstaben 15 mm (3 Zeilen), Höhe der Mittellängen 10 mm (2 Zeilen). Bei geringerer Schreibhöhe entsprechend geringere Federbreite.
Papier: Gut geleimtes kariertes Papier, das die Tinte nicht ausfließen läßt; bei fortgeschrittenem Können und besonderen Gelegenheiten kann auch besseres und schöneres Papier ohne Linien verwendet werden, auf dem die nötigen Zeilen dünn mit Bleistift vorgezogen sind.
Schreibflüssigkeit: Am besten schwarze Spezialtinte. Blaue Tinte eignet sich nicht, Tusche verkrustet die Feder.
Füllen der Feder:

a) Eintauchen: zunächst die überfließende Tinte durch Abklopfen der Feder am Glas entfernen und auf einem Probeblatt einige Striche ziehen, bis die Spur klar ist.
b) Einfüllen: entweder mit kleinem Pinsel, sauberer Schreibfeder oder keilförmigem, nicht faserndem Kartonstreifen zwischen Federrücken und „Reiterchen“. Letzterer ist besonders zu empfehlen beim Schreiben mit der Bandzugfeder.

Haltung der Feder:

a) Schnurzugfeder: Die runde Platte am Ende muß immer voll aufliegen und darf nach keiner Seite verkantet werden.
b) Bandzugfeder: Das schräge Feder-Ende muß mittelschräg mit einer geringeren Neigung zur flacheren Lage gehalten werden und ohne alle Drehung ständig so verbleiben. Dann werden die Senkrechten ein wenig breiter als die Waagrechten. Einzig bei den Großbuchstaben M und N wird an den im Muster ersichtlichen Stellen die Feder hochkant gehalten; auch

beim Zeichen Z ist eine Federdrehung angebracht. Die Feder wird mehr gezogen als geschoben, runde Formen werden in Teilen geschrieben.

Vorschreiben an der Tafel: Man drittelt eine gewöhnliche Tafelkreide und erhält so 3 cm lange Stückchen, die, zwischen Daumen und Mittel- oder Zeigefinger breit gehalten, in schräger Stellung die gleichen Formen im großen erzeugt wie die Bandzugfeder im kleinen.

Daß ein Lehrer, der Schrift unterrichtet, beim Vorschreiben auf eine Wandtafel die Schriftformen beherrscht, ist selbstverständlich, aber sicher nur nach ausreichender Übung möglich. Er sollte die Schüler auf Charakteristik und Wohlgeformtheit der einzelnen Buchstaben hinweisen, z. B. der untere Bogen des B ist etwas größer als der obere, ebenso der untere Teil des R. Bei allen Buchstaben mit waagrechten Querbalken liegt dieser leicht oberhalb der Mitte (E, F, H). Eine Ausnahme macht das A, bei dem nur ein feines Augenmaß den richtigen Sitz des Querbalkens findet. Auch das muß geübt werden.

Beim D und ebenso bei B, P und R kommt es darauf an, daß der Rundbogen oben und unten von der Senkrechten weg mit einer kurzen Geraden anfängt. Die mittleren Schrägbalken des M reichen bis zur Zeilenlinie, die Außenbalken werden oft senkrecht gesetzt, sollten aber leicht schräg laufen. Zwei etwas schmälere V-Formen ergeben das W. Ein schwieriger Buchstabe ist das S; es glückt nur dann, wenn die obere und untere Rundform durch eine etwas flachere Schräge verbunden werden.

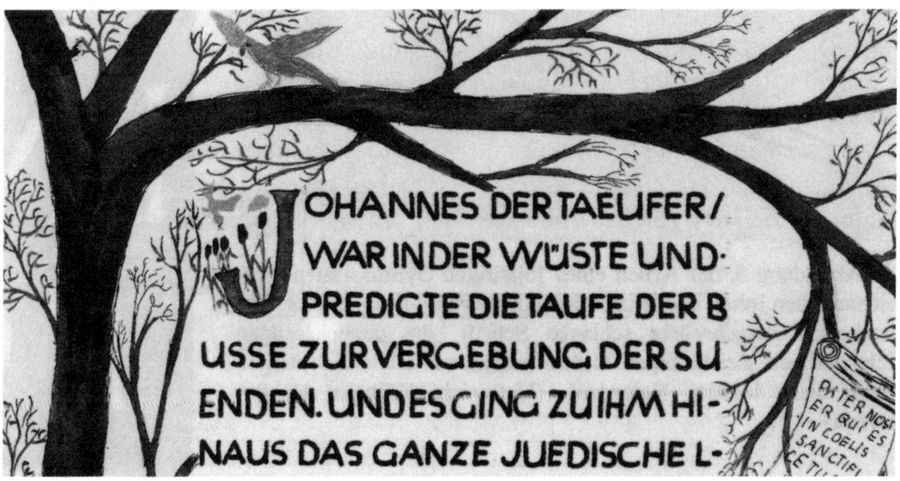

Abb. 89 Ausschnitt eines illustrierten Bibeltextes

In Abb. 89 haben wir ein Schriftbild aus dem 7. Schuljahr (G) vor Augen, das sich schon durch ein gewisses Können auszeichnet: Ebenmaß von Buchstabengröße und -form, Einheit in der senkrechten Aufrichtung, angemessener Zeilenabstand, Zeilenlesbarkeit, Geschlossenheit des Schriftblockes.

3.2 *Die Handschrift*

Noch mehr als die Zierschrift ist die Handschrift (FT 4, Illustr. von 2 Geschichten) dem Verfall ausgeliefert.

Das Problem der guten Handschrift durchschaut man nur, wenn man sieht, daß sie über den *Ausdruck der Persönlichkeit hinaus* dem Schreibenden eine *Formaufgabe* stellt. Zwar hat sich die europäische Schrift aus den lateinischen Großbuchstaben entwickelt, aber ihre formale Struktur wandelte sich mit der Zeit ganz entscheidend. Waren die Großbuchstaben noch wie Architekturformen gebaut und aneinandergereiht, ist die Handschrift zu einem in sich fließenden Ganzen geworden. Dadurch wurde es notwendig, den Richtungscharakter in der Auf- und Abbewegung des einzelnen Buchstabens innerhalb des Wortes auszuprägen. Wichtigste Ziele sind dabei *die eindeutige Bestimmtheit der Buchstabenform* und *die Gleichmäßigkeit der Auf- und Abbewegung im Schriftverlauf.* Um sie zu erreichen, müssen sich die einzelnen Zeichen in ihrem Formcharakter von der Kleindruckschrift unterscheiden. Die sog. „Brücklschrift" (1921) wurde seinerzeit aus isoliert geübten Formteilen – Reifen, gebrochener Reifen, Spazierstock und Turnstange – zusammengebaut. Es hat sich herausgestellt, daß es dadurch dem Kind unmöglich gemacht wurde, eine zügig fließende Schrift zu lernen.

Seit 1966, als ein neuer Lehrplan für Grundschulen amtlich wurde, hat man die untaugliche Brücklschrift durch die „Lateinische Ausgangsschrift" ersetzt. Der Unterschied besteht darin, daß in ihr die statischen Elemente in zügig offene Formen umgewandelt werden. Zum Beispiel müssen die Arkaden-Rundbogen bei m und n in scharfe Kurven umgeformt werden. Nur so fügen sie sich in das Auf und Ab der fließenden Handschrift ein. Ebenso können die Schleifen von l und g nur dann einbezogen werden, wenn sie schlank und richtungsbestimmt geschrieben werden. Ausladende Kurven unterbrechen auch hier den straffen Schreibfluß, was manchmal zu grotesken Fehlbildungen verleitet. Zum Beispiel führt eine zu große rundliche l-Schleife dazu, daß sich Auf- und Abstrich viel zu weit unten kreuzen. Es wird häufig versucht, diesen Mangel durch einen Knick auszugleichen, weil sonst für den unteren Teil des b kaum Platz ist, ebensowenig für den unteren Teil des k. Ein ähnliches Problem entsteht, wenn die g-Schleife zu rundlich und zu groß ist. Erwachsene gleichen das manchmal durch einen Schnörkel aus, der mit der Form einer g-Schleife nichts zu tun hat. Eine zu große Oberschleife behindert oft den Buchstaben h. Die Arkade wird dann zu klein, oder es verunstaltet ein falscher Aufstrich der Arkaden den Buchstaben. Wenn man ihn nämlich – ähnlich wie bei der Brücklschrift – mit dem Abstrich deckend hinaufführt, wird die Arkade zu groß und rundlich. Den Arkadenabstrich verbiegt man dann unschön, so daß er wiederum aus dem Gesamtschriftzug herausfällt. Der Arkadenaufstrich sollte straff schräg wegziehen, die Arkade scharf umbiegen und straff abwärts laufen. Nur so wird die h-Form in das zügige Auf und Ab des Schreibflusses eingebunden. Beim a und o ist es nötig, die Rundung in eine schräg längliche Form umzubilden; dasselbe gilt für g und d. Besonders widersinnig kommt uns die gar nicht so selten auftauchende Manier vor, die Rundungen von a, o, d und g wider die Schreibrichtung zu ziehen.

Natürlich ist es für Kinder, die in die höhere Schule übertreten, notwendig, fließend und schnell schreiben zu lernen. Deshalb müßte das Gymnasium in den Anfangsklassen eine sinnvolle Schreiberziehung mit diesem Ziel fortsetzen. Dabei können geeignete Wahlformen der vereinfachten Ausgangsschrift eingeführt werden. Diese spielen auch bei der Ausformung einer persönlichen Erwachsenenschrift eine große Rolle. Das heißt nicht, durch Willkürformen dürfe man Grundgestalten der Buchstaben so sehr verändern, daß sie nahezu unleserlich werden. Alle persönlichen Abwandlungen können nur dem einen Zweck dienen, die Schrift noch flüssiger zu schreiben. Ihre Wohlgeformtheit sollte darunter nicht leiden.

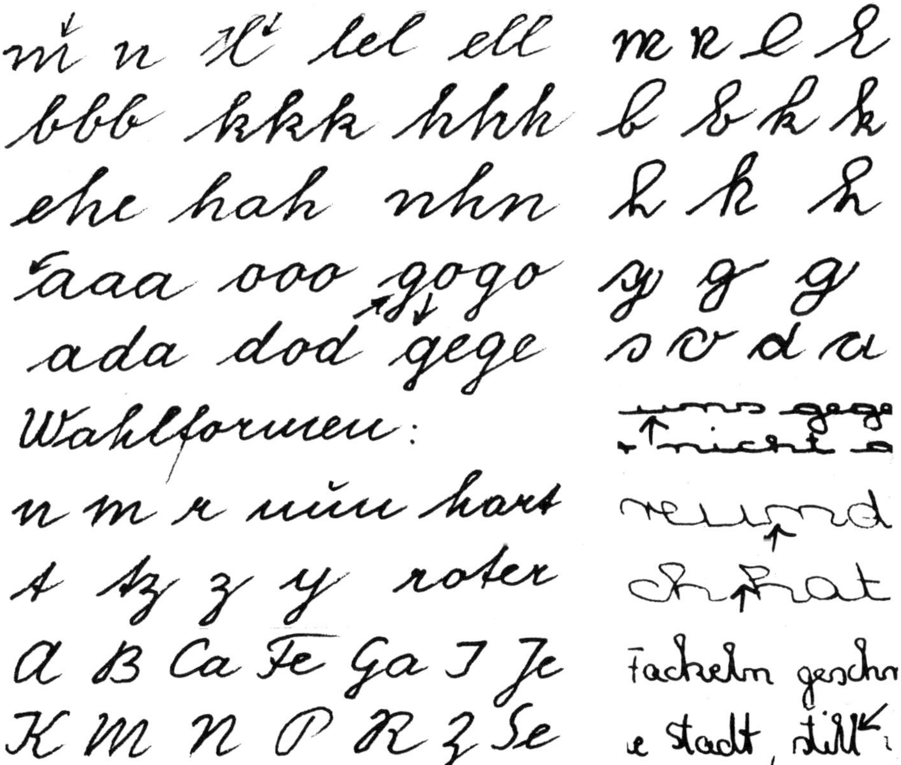

Abb. 90 Schriftbilder: Lateinische Ausgangsschrift – Fehlformen

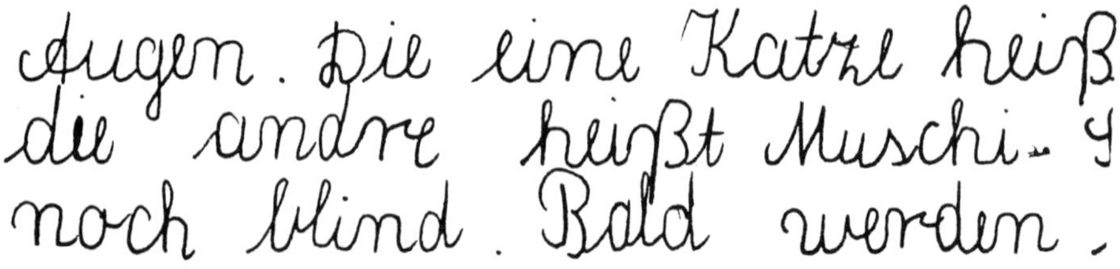

Anfang des 3. Schj. – zu hohe Arkadenbogen verhindern ein fließendes Schreiben

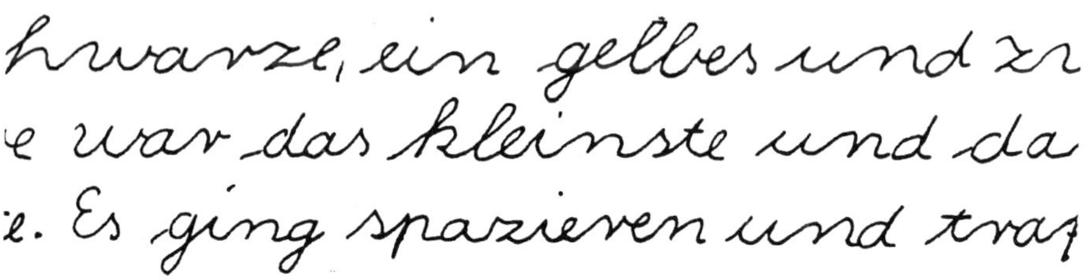

Anfang des 4. Schj. – Schrift bereits fließend, Schriftlage noch etwas labil

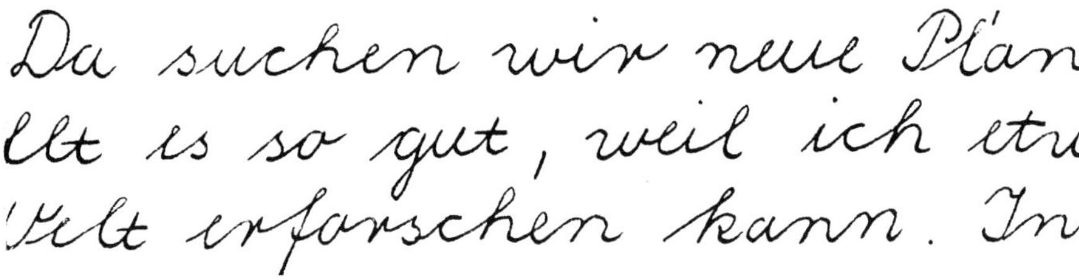

Mitte des 4. Schj. – klare, fließende, bereits gefestigte Schrift

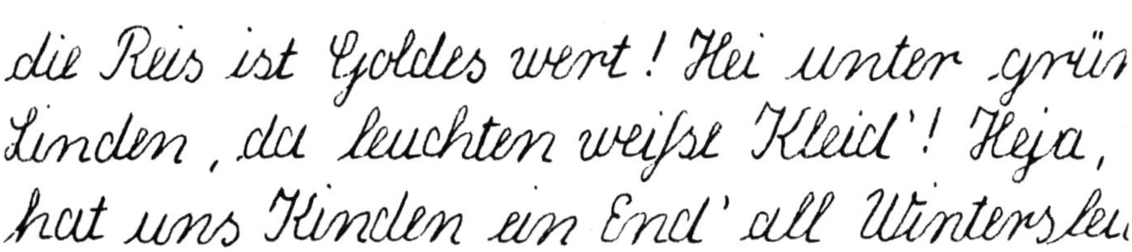

7. Schj. – die hohen und engen Arkadenbogen erlauben keinen rechten Schreibfluß

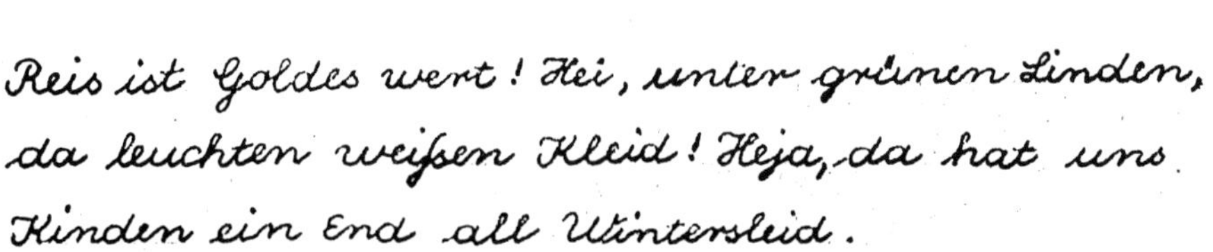

7. Schj. – ein bereits ausgeglichenes, fließendes Schriftbild

Abb. 91 Schriftbilder

4. DER SCHERENSCHNITT

Bis in die Mitte des vergangenen Jahrhunderts hinein haben sich Künstler der anmutigen Kunstart des Scherenschnittes bedient, um Naturanschauung, Phantasie und Wirklichkeit im Bild festzuhalten. Auch in unserer Zeit könnte der Scherenschnitt auf heilsame Art den gestaltenden Menschen, vor allem den Jugendlichen, der wie zu allen Zeiten auch heute noch schöpferische Begabung mit in die Wiege gelegt bekommt, in jenen Bereich leiten, in dem er das ihm Gemäße verwirklichen kann. Das *zentrale Gestaltungsgebiet des Laienschaffens* ist nämlich die *klare Ausprägung und Differenzierung der Umrißform.* Eine räumliche Wirkung sollte nicht angestrebt werden, dagegen eine dichte Fülle sich nicht überschneidender Gebilde. So entwickelt der Scherenschnitt Formkräfte, die anderen Bildtechniken zugute kommen können.

MATERIAL UND WERKZEUG

- Von den im Handel vorhandenen gewöhnlichen und gummierten matten und glänzenden schwarzen Scherenschnittpapieren sind die matten ungummierten zu bevorzugen.
- Farbige Papiere kann man sich selbst mit Temperafarbe und Vertreiber herstellen.
- Zum Schneiden verwendet man Silhouettenscherchen und Papierschneidemesser, deren stumpf gewordene Klingen durch Abbrechen erneuert werden können. Aber auch Rasierklingen, teilweise mit Kreppband umwickelt, tun ihren Dienst.
- Zum Stechen feiner Löcher bei Innenzeichnungen verwendet man eine kräftige Nadel.
- Man schneidet auf einer Unterlage aus Pappe.
- Kleister, Klebstoff und Haarpinsel vervollständigen die Ausrüstung.

ZUR TECHNIK

Bei der Vorarbeit des Zeichnens ist, wie bei jeder künstlerischen Betätigung, der Entwurf von entscheidender Bedeutung. Er wird auf Zeichenpapier in Variationen ausgeführt, deren gefälligste man, ohne zu pausen, neu auf die weiße Seite des Scherenschnittpapiers zeichnet. Der Anfänger sollte sich auf einfache Formen beschränken (Haus, Fisch, Vogel, Baum, Figur) und erst allmählich zu reicherer Gliederung übergehen.

Man *schneide zuerst die große Umrißform* und erst dann die Innengliederung, wobei die Regel gilt: Vom Schwarz wenig wegnehmen, denn Weiß wirkt immer größer als Schwarz. Beim Schneiden von Ecken etwas darüber hinaus gehen, damit der Zwickel herausfällt und nicht herausgerissen werden muß, was unscharfe, fransige Stellen bringt.

Das *Aufkleben* ist kein Kunststück, wenn man es gut vorbereitet. Bei gummiertem Papier legt man den Schnitt auf die gewünschte Stelle des Hintergrundpapieres und beschwert ihn unten mit einem Buch. Das obere Ende hebt man hoch, befeuchtet es mit einem nassen Pinsel, läßt den Schnitt niedergleiten und drückt ihn mit einem Löschpapier fest, und zwar von der Mitte aus streifend, damit sich keine Falten bilden. Ebenso behandelt man den mittleren und unteren Teil des Schnittes. Es ist nicht nötig, alle Stellen anzufeuchten, nur die äußersten abstehenden und die am meisten gefährdeten. Bei ungummiertem Papier ist der Vorgang derselbe, nur nimmt man statt Wasser nicht zu dicken Kleister oder Klebstoff, den man vorsichtig aufstreicht. Über den Rand geratenen Klebstoff saugt man mit Löschpapier auf. Vorteilhaft trocknet man die fertigen Schnitte zwischen alten Papieren und Büchern, damit sie sich nicht verziehen können.

4.1 Klassischer Scherenschnitt – Silhouettenschnitt

Beim einfachen Scherenschnitt spricht die sicher gesetzte Umrißform. Schwarzes ungummiertes Papier läßt die Konturen besonders prägnant erscheinen.

Abb. 92 Fensterbilder mit farbigem Transparentpapier hinterlegt, 5. Schj.

Abb. 93a Wirtshausausleger, 5. Schj.

Abb. 93 Wirtshausausleger, 9. Schj.

Abb. 94 Reiter, 6. Schj.

Abb. 95 Indianerboot, 7. Schj.

Abb. 96 Musikalischer Wettbewerb, HS

Abb. 97 Kaminkehrer, 5. Schj.

4.2 Mehrfachschnitt

Die Figuren oder Tiere werden aus einem in Ziehharmonikaform mehrfach gefalteten weißen Papier geschnitten und, je nach Thema, zu reizvollen Gruppen zusammengestellt, wobei es bei dem auf beiden Seiten gleichfarbigen Papier naheliegt, eine Figur spiegelverkehrt aufzulegen.

Abb. 98 Drei Tiergruppen, 2. Schj.; Drei Tiergruppen, 6. Schj.

4.3 Papiermontage – mit farbigen, auch selbstgefärbten Papieren

Für großformatige Arbeiten mit farbigen Papieren (auch selbstgefärbten) eignet sich diese Art des Scherenschnitts vor allem dann, wenn dekorativer Wandschmuck gewünscht wird. Man kann hierbei gut mit der Schere schneiden. Die geschnittenen Teilformen werden planmäßig zusammenmontiert und können mit Glanzpapier, auch strukturierten Praliné-Papierchen hinterklebt bzw. durch eingeklebte Binnenformen erweitert werden.

Abb. 99 Glückwunsch, 5. Schj.

Abb. 100 Mississippi-Raddampfer, 6. Schj.

Abb. 101/102 Hausfassaden, 6. Schj.

Abb. 103 Vögel im Nest

Abb. 105 Blätterkranz, 6. Schj.

Abb. 104 Glückwunsch, 1. Schj.

Abb. 106 Blumenkranz, 4. Schj.

4.4 Schattentheater

Aus Karton geschnittene Figuren werden, von hinten beleuchtet, über eine Leinwand geführt. Sie erscheinen den Zuschauern als schwarze Silhouetten. Die Bewegung der Gesamtfigur, ihrer Glieder oder gar ganzer Figurengruppen erzeugt eine nahezu magische Lebendigkeit. Schön geschnittene Kulissen (Pflanzen, Architektur) ergänzen das Bühnenbild (s. Abb. S. 99).
Die bildnerischen Prinzipien orientieren sich an den Grundsätzen des klassischen Scherenschnitts. Vor allem anderen kommt es dabei auf eine klare und markante Ausprägung der Umrißformen an, was manche berühmt gewordene Schattenspieler offensichtlich nicht erkannt haben. Schattenspiel ist sozusagen eine Erweiterung des Scherenschnittes. Es bedarf eines Planes, einer Führung und mehrerer harmonisch aufeinander bezogener Gestalter und Spieler, wobei intensivste Zusammenarbeit wichtig ist (s. Abb. S. 99).

4.5 Glückwunschscherenschnitt

Scherenschnitt-Glückwünsche eignen sich für alle Geschenkgelegenheiten. Durch ihre Einmaligkeit besitzen sie besonderen persönlichen Wert.
Dieser Bereich ist gewiß das wichtigste Anwendungsgebiet des Scherenschnitts und sollte wieder mehr gepflegt werden. Auch für Poesiealben sind sie hervorragend geeignet und stellen alles Sonstige in den Schatten.

4.6 Faltschnitt

Der Reiz solcher Scherenschnitte liegt im Bereich der Verdoppelung des einmal gestalteten, dann geschnittenen Entwurfs. Immer ist der Augenblick des Aufklappens überraschend. Faltschnitte wirken besonders dekorativ und festlich.
Eine Variationsmöglichkeit ist es, den Faltschnitt nur bis zu einem gewissen Punkt gefaltet zu schneiden und dann aufgeklappt an ihm weiterzuschneiden.
Für runde oder ovale Gesamtformen können zwei oder mehr Symmetrieachsen ihre Berechtigung haben. Allerdings sollte man hierbei planmäßig überlegend vorgehen, sonst entstehen lediglich zufällige Gebilde.
Der Lehrer sollte sich dessen bewußt sein, daß beim Faltschnitt die Gefahr des Auseinanderfallens in zwei Hälften besteht. Es ist deshalb gut, die Mittelachse aufgefaltet, also im ganzen zu entwerfen, um dann zusammengefaltet fertig zu zeichnen.
Noch besser ist es, wenn er die Kinder einen Entwurf zeichnen läßt, in dem beide Seiten möglichst symmetrisch werden. Nach der besser gelungenen Hälfte schneidet man dann den Faltschnitt.

Abb. 107 Schattenspielfigur in Bewegung Abb. 108 „Paß auf, kleiner Wolf“, 3. Schj.

Abb. 109 Vier Szenen aus dem Schattenspiel „Zirkus Petrossi“

Abb. 110 zeigt einen Scherenschnitt, dessen tieftönende Formfülle den erstaunten Blick des aufgeschlossenen Betrachters anrührt. Er mag tausend Missetaten auslöschen, die schematisch und leer unter dem Titel „dekoratives Blumenstück" begangen worden sind. Die Mutter dieses 14jährigen Sonderschülers hat wahrlich Grund zur Freude an seinem Geschenk. Es mag ahnen lassen, welchen Grad bewußtseinsfördernder Seelenhilfe ihm durch den Unterricht zuteil wurde.

Abb. 111 Mit diesem Faltschnitt präsentieren wir eines der liebenswertesten Beispiele echten Gestaltens. Es unterscheidet sich grundsätzlich von der pedantischen Trockenheit eines gewohnheitsmäßigen, oft erlebnisfernen „Zierens im Sinne der Volkskunst". Nicht die Tadellosigkeit macht diese kleine Arbeit schön (sie ist gar nicht tadellos: obere Mitte), sondern das echte Gestaltungsempfinden, das sich in Bildung und Zusammenbau der Formen selber zeigt, und das selbstverständlich ohne „Erleben" gar nicht denkbar ist. Aus dem „Gestalt-Archiv Hans Herrmann": 14jähriges Mädchen

Abb. 112 Faltschnitte in der Art polnischer Scherenschnitte, 6. Schj.

Abb. 113 Struwelpeter, 6. Schj.

Abb. 114 Der Puppenspieler, 7. Schj.

4.7 Spitzenschnitt

Dieser kann als Steigerung aller anderen Scherenschnittformen angesehen werden. Anregungen dazu stammen von den feinen Klosterarbeiten des 17./18. Jahrhunderts.

In der Schule werden sie nur in bescheidener Abwandlung gelingen; Kinder jedoch, die sich zum schmückenden Gestalten hingezogen fühlen, finden hier ein reiches Betätigungsfeld. In dieser Technik wird sehr fein gearbeitet, und man schneidet viele kleine Teile heraus. Die stehengebliebenen Stellen ergänzen sich mit den „Löchern" und Stegen zu filigranen Mustern. Hinterkleben mit farbigen Papieren oder Gold/Silber sowie sparsame Bemalung der Kleinformen bringen ebenso wie die sorgfältige Wahl des Hintergrundes einen ersten Höhepunkt. Das Einfügen von miniaturartigen Malereien in die Medaillons kann das Gesamtbild steigern.

Abb. 116

Abb. 117

Abb. 116 Spitzenschnitt auf farbigem Grund, mit glänzendem Papier hinterlegt, Kursarbeit, 12 J.

Abb. 117 Spitzenschnitt, mit farbigem Papier hinterlegt, Mitte gemalt, 5. Schj.

III. Mosaiktechniken

Das Wort Mosaik kommt aus dem Arabischen „musauik“ und bedeutet dort „geschmückt“.
Zur Einführung in die Technik kann man den Kindern Bilder von alten Mosaiken, z.B. aus Ravenna, zeigen und ihnen erzählen, wie sie entstanden sind:
Der Mosaizist der Antike und des Mittelalters schlug aus farbigen Glasflüssen Würfel, die er in frischen Putz setzte. Später verwendete man auch verschiedenfarbigen Naturstein. In der modernen Mosaikkunst werden die Steinchen auf Papier oder Leinwand gesetzt und die fertigen Teile mit der Rückseite auf der vorbereiteten Wand befestigt.
Da die auf den alten Mosaiken dargestellten Figuren und Gegenstände archaisch einfach sind, können sie Kinder dazu anregen, sich in dieser Technik zu versuchen. In der Schulstube wird man sie in weniger kostspieligen Materialien auf verschiedene Weise ausführen.

1. PINSELMOSAIK

MATERIAL UND WERKZEUG
Borsten- und Haarpinsel und Wasserdeckfarben.

ZUR TECHNIK
Der Pinselabdruck hat gegenüber dem Stempeldruck den Vorteil der Spontaneität und Empfindungsfärbung. Wenn man verschieden große Haar- und Borstenpinsel bereitlegt und sie verschieden verwendet – z.B. breitliegend, schmalkantig, aufgestellt, in vollem Abdruck, mit der Spitze getupft – ergibt das eine große Zahl von Grundformen, die zu Reihen und Flächen kombiniert werden können. Auf einem Übungsblatt wird sich der Anfänger mit der Technik vertraut machen, um dann ein Schmuckblatt zu gestalten oder einen Gegenstand zu schmücken.

Wir gehen dazu in drei Schritten vor:

a) Vorübung auf einfachem Papier (Umweltpapier), DIN A4
Je nach Verwendung des Pinsels – ob breit- oder schmalkantig, ob in voller Länge, nur halb gesetzt oder mit der Spitze aufgestupft – entstehen verschiedenförmige Abdrucke. Die Farben sollen dabei nicht zu wäßrig sein. Durch Aneinanderreihung von Abdrucken in gerader Linie, im Zickzack, bogen- oder wellenförmig entstehen fortlaufende Muster. Dabei erfahren die Schüler: Welche Abdrucke gibt der Pinsel her?

b) Anwendung der Vorübung im Entwurf eines symmetrischen Musters
Ein quadratisches Zeichenblockpapier wird zweimal diagonal gefaltet. Mit Hilfe der Faltlinien ist es für die Schüler einfacher, symmetrische Muster zu gestalten. Dabei sollten sie sich auf zwei oder drei Farben beschränken.

c) Anwendung an einem praktischen Gegenstand
Aus festem Zeichenpapier falten die Schüler z. B. quadratische Schachteln. Deckfläche und Seitenflächen gestalten sie mit Pinselabdruckmustern, die jeweils ornamental gut zusammenklingen sollen. Mit Tonpapier oder dünnem Karton innen verstärkt, wird daraus eine hübsche Geschenkschachtel.

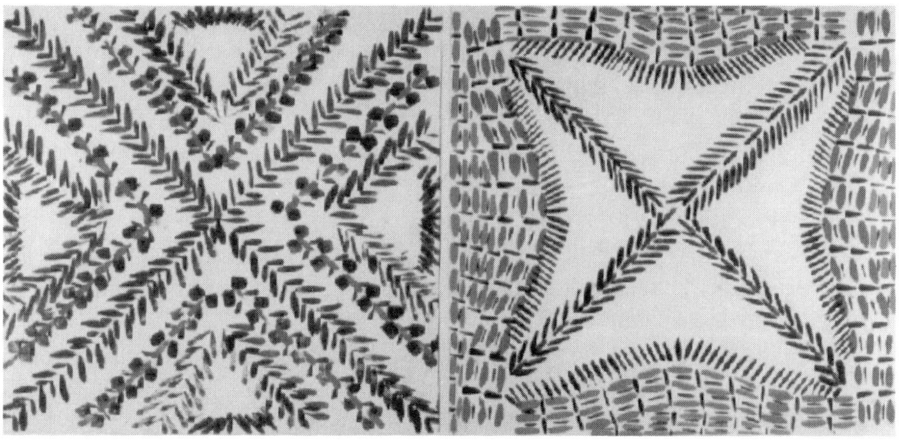

Abb. 118 Übung an Deckchen in zwei Farbtönen, 5. Schj.

Abb. 119 Anwendung in zwei Farbtönen für eine Faltschachtel, 5. Schj.

2. KARTOFFELSTEMPELMOSAIK

MATERIAL UND WERKZEUG

- weißes oder getöntes saugfähiges Papier
- feste, nicht zu wäßrige Kartoffeln
- Messer mit glatter Kante zum Schneiden der Kartoffel
- Kartonunterlage zum Schneiden der Kartoffel
- Deckfarben
- Borstenpinsel zum Mischen und Auftragen der Farben

ZUR TECHNIK

Als Motiv könnte eine archaische Kopfform gewählt werden, wie sie ravennatische, griechische oder byzantinische Mosaiken zeigen, die man einführend betrachtet, wobei auf Kopf- und Gesichtsdarstellung gründlich eingegangen wird: klare Setzung von Augen, Nase und Mund, Sitz des Kopfes auf dem Hals, Herauswachsen des Augenbrauenbogens aus dem Nasenrücken gleich romanischen Bogen aus der Säule.

Zur altbekannten *Technik des Stempelns* (Abb. 120, 123) einige Hinweise: Innerhalb einer Arbeit sollten Größe und Quadratform der Stempel gleich sein. Der Farbbrei muß sämig sein und wird am besten mit einem flachen Pinsel aufgetragen. Der Schüler beginnt mit dem *Aufstempeln an zentraler Stelle* seiner einfachen Umrißzeichnung und fährt dann bogig immer weiter nach außen fort. Bei *Rundungen* setzt er den Stempel leicht gedreht auf. *Farbige Übergänge* wie bei den Wangen werden streifig gedruckt, zuletzt der Hintergrund. Um die Flächen zu beleben, sollen hier wie auch bei der *Kleidung* die Farben etwas variiert werden, möglichst in verwandten Tönen, aber auch durch Abdruck mit sattem und spärlichem Farbauftrag am Stempel, was sich ergibt, wenn man zwei-, dreimal nacheinander ohne frischen Farbauftrag stempelt.

Das Kartoffelstempelmosaik ist eine ausgezeichnete Vorübung für das Steinmosaik.

Andere Themen: Schmuckpapier, flache Taschen, Bordüren auf Sammelmappen

3. PAPIERMOSAIK

3.1 Reißtechnik

Die Mosaiktechnik mit gerissenem Buntpapier (Abb. 121, 122) macht vor allem jüngeren Kindern großen Spaß. Als Material kann man Seiten aus bunten Illustrierten verwenden. Doch lebendige persönliche Farbigkeit erreicht man, wenn die Kinder Zeichenpapier in verschiedenen Abstufungen selbst bemalen. Dabei erfahren sie, daß das Mischen mit Deckweiß die Farben auf-

Abb. 120 Kartoffelstempelmosaik: Kopf, 8. Schj.

Abb. 121 Papiermosaik „Unterm Regenschirm“, 2. Schj.

Abb. 122 Fangbecher, 1. Schj.

Abb. 123 Schneemänner, von der Mitte aus gestempelt, Gemeinschaftsarbeit, 1. Schj.

hellt, mit Schwarz sie dunkelt, mit Wasser sie durchsichtig macht. Die Farbtöne werden in breiteren Streifen aufgetragen.
Zum Reißen einige Hilfen: Durch genaue Betrachtung des Papiers oder durch Reißversuche kann festgestellt werden, in welcher Richtung beim Reißen gerade Kanten entstehen. Rechtshänder reißen mit Daumen und Zeigefinger der rechten Hand vorsichtig das Papier ab, wobei der Zeigefinger der linken Hand ein Ausreißen verhindert.
Wir reißen das Papier zuerst in Streifen, dann in kleine Stücke und sortieren diese in Gefäßen wie Untersetzern, flachen Schachteln, Untertassen.
Nun skizzieren die Kinder das *Motiv mit Bleistift* auf Packpapier, ohne Einzelheiten zu beachten.
Bei der *Klebearbeit* ist die Reihenfolge wichtig. Auf unserem Beispiel kleben die Kinder zuerst die schwarzen Speichen des Schirmes, dann den Stoff und zuletzt die Figuren, immer darauf bedacht, Hell-Dunkel-Kontrast zu erzielen.
Zum Aufkleben verwendet man Uhu-tropffrei, den man auf das Hintergrundpapier, nicht auf die Mosaikstückchen, aufträgt. Diese sollten so auf die Skizze geklebt werden, daß alle Bleistiftstriche überdeckt sind.

3.2 Knülltechnik

Ein Mosaik aus geknüllten Seidenpapierkügelchen (Abb. 124–126) zählt sicher zu den seltenen Techniken, bietet aber eine reizvolle Variante des Themas Mosaik. Ein reiches Angebot an Papierfarbtönen und feinen Farbnuancen hilft, den Farbsinn der Kinder zu entfalten. Sie erfahren außerdem etwas über die Eigenschaften der verschiedensten Papiere, indem sie aus einem Sortiment das für unsere Technik geeignete heraussuchen.
„Bei dieser Gelegenheit könnten wir die Kinder zum Sammeln aufmuntern, freilich nicht systematisch, sondern locker: der eine findet dies, der andere das. Bringt gar eines der Kinder einen alten Brief aus vergilbtem Papier oder ein Stück handgeschöpftes Bütten mit, werden Entdeckerlust und Sammelfreude noch beflügelt. Bei diesem Sammeln erfahren Kinder, daß Papier dünn oder dick, glatt oder rauh, steif oder leicht, knittrig, dicht oder durchsichtig, glänzend oder matt sein kann. So lernen sie verschiedenartiges Papier aus der Anschauung kennen: glattes Schreibpapier, dünnes Seidenpapier, dickes Tonpapier, geriffeltes Kreppapier, derbes und rauhes Packpapier, reißbares Zeitungs- und Tapetenpapier, um nur einiges zu nennen".
(aus: „Werken in der Grundschule", S. 10, EOS-Verlag, St. Ottilien 1983).

MATERIAL UND WERKZEUG
- Seidenpapiere in reicher Farbauswahl
- Zeichen- oder Tonpapier DIN A4 als Hintergrund
- Klebstoff

ZUR TECHNIK

Auf das Hintergrundpapier wird zunächst die Figur im Umriß und mit der erforderlichen Innengliederung entworfen. Das Format dafür sollte auf keinen Fall größer als DIN A4 sein, damit die Geduld der Schüler nicht zu stark beansprucht wird.

Das Seidenpapier reißt man unter Beachtung der Laufrichtung in 2–3 cm breite Streifen. Diese, in mehreren Lagen übereinandergelegt, reißt man in kleine Quadrate, die, einzeln zwischen den Fingerspitzen zu festen Kügelchen gerollt, in einem Döschen oder einer Tüte gesammelt werden. Wichtig ist, daß die Schüler bei dieser Technik lernen, rationell zu arbeiten, d. h. Kraft und Zeit zu sparen: erst alle Streifen, dann alle Quadrate, dann die Kügelchen.

Das Aufkleben beginnt beim Hauptteil der Figur, z. B. beim Tier mit dem Körper. Der Untergrund wird Stück für Stück mit Klebstoff bestrichen und die Kügelchen werden so dicht aneinandergelegt, daß er ganz zugedeckt wird. Die Innengliederung der Form wird durch leicht abgetönte bzw. kontrastreiche Farbklänge, je nach Thema, sichtbar gemacht. Hinweise auf deutliche Klärung der Form und sorgfältige Arbeitshaltung im Umgang mit Klebstoff und Papier sind immer wieder nötig.

Abb. 125 Schmetterlinge, 1. Schj.

Abb. 124 Gemüsestände, 2. Schj.

Abb. 126 Giraffen, 2. Schj.

4. MOSAIK AUS KIESELSTEINEN

Daß Kinder ihre Aufmerksamkeit auf schöne Steine richten, kann man immer wieder beobachten; das zeugt von der eigentümlichen Freude aller Kinder und der Zuwendung zu ihrer kleinen Welt. Es ist also nicht schwer, den damit verbundenen Sammeleifer für bunte Steine auch im bildnerischen Unterricht sinnvoll zu nutzen. Eine besonders schöne Aufgabe ergibt sich, wenn wir kleine Mosaiken aus gesammelten Kieselsteinen gestalten lassen.

MATERIAL UND WERKZEUG

- eine größere Menge von hellfarbigen kleinen Steinen für den Körper
- ebenso dunklere, möglichst gleichförmige und gleich große für den Hintergrund
- einzelne Kieselsteine verschiedener Größe, Farbe und Form für Auge, Kamm, Schnabel etc.
- 8 mm starke Eternitplatte für den abgebildeten Gockel 24 × 25 cm
- Fischleim aus dem Malergeschäft
- feiner Sand

Abb. 127 Gockel-Mosaik aus Kieselsteinen

ZUR TECHNIK

Die Arbeit findet in Dreiergruppen statt. Während zwei Schüler ihr ausgebreitetes Material sortieren, zeichnet der dritte den Gockel auf einen Karton in der Größe der Trägerplatte. Geeignete Steine werden auf die Skizze gelegt. Die Kinder begreifen rasch, daß deutliche Form- und Farbunterschiede notwendig sind, um den dargestellten Gegenstand im Mosaik sichtbar zu machen. Durch längliche Kiesel läßt sich die Richtung des Federkleides setzen. Die rauhen Steine des Schwanzfederkieles unterscheiden sich von den glatten, schmalen, schräggestellten Steinen der Fiederung. Angefangen wird beim Auge. – Die Kinder wählen aus, probieren und ordnen, bis alles zusammenpaßt und ein schönes Gockelbild entsteht. Man mischt 4 Eßlöffel Fischleim und 6 Eßlöffel feinen Sand zu einem zähen Brei und streicht ihn gleichmäßig auf die Platte. Verglichen mit Zement hat diese Masse den Vorteil, daß sie langsamer trocknet. Nun beginnt das Umsetzen. Die auf Karton gelegten Steine werden nach und nach, eng gefügt, in die Breischicht gedrückt. Das muß in einem Zug geschehen innerhalb einer Doppelstunde.

Weitere geeignete Themen: Fliegender Vogel, Fisch, Rosette, Haus

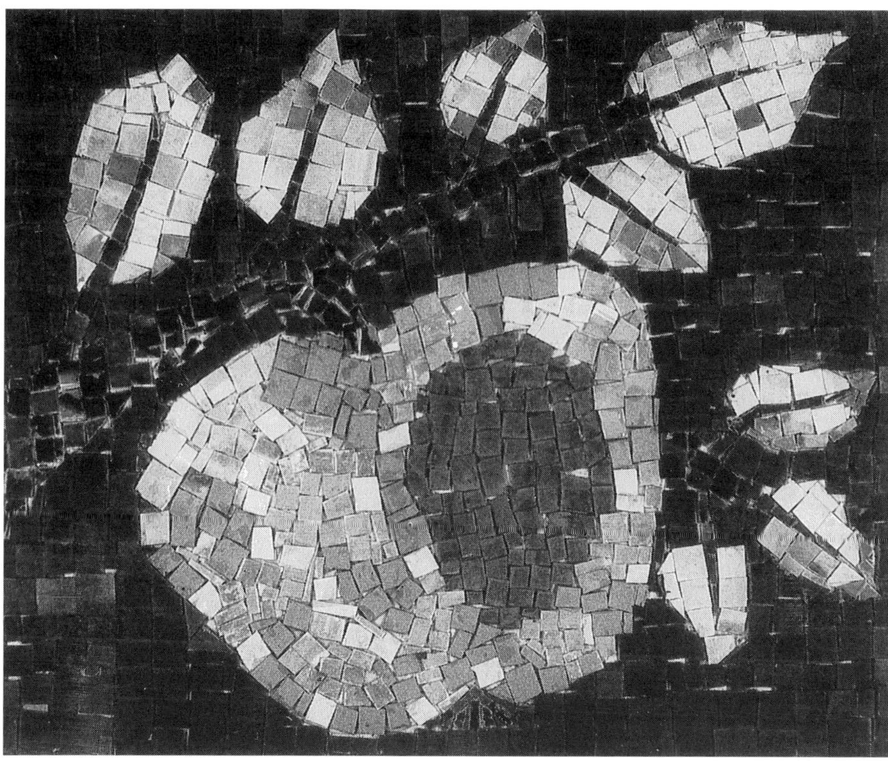

Abb. 128 Mosaik aus Kartonplättchen, 13 J., es könnte die Vorarbeit sein für ein Mosaik aus Glas oder Stein.

TAFEL 5 „Blutenburg“
auf hell-senfgelbes Ingrespapier gemalt,
48 × 62 cm, 8. Schuljahr

IV. Maltechniken

1. GRUNDSÄTZLICHES

Bilder malen wollen alle Kinder. Die Kleinen können und dürfen es, die Großen sollten sich vom sachverständigen Lehrer beraten lassen. – Wie sieht das Bild des *jüngeren Schülers* aus? – Hänsel und Gretel, die Mutter und der Vater und der Garten und das Haus mit der Taube auf dem Dach und Baum und Baum ... und Strauch und Tiere im Wald. Alles möglichst groß, in den vorhandenen Platz sich teilend und ihn gut nutzend. So, wie ein Kind spricht, in episch einfacher Reihung, so zeichnet und malt es auch; aber nur insofern es dabei Kind ist, doch nicht mehr, wenn es vielleicht ehrgeizig auf Erwachsenen-„Bilder“ ausgeht. Der Lehrer muß dem Kind helfen, indem er sagt, es solle (wie im Aufsatz) vor allem anderen das Wichtige und dieses ausführlich groß mit breitem Zeitaufwand darstellen; danach könne auch weniger Wichtiges beigefügt werden.
Auch der *Halbwüchsige* kann in dieser Weise noch ein gutes „erzählendes“ Bild machen. Doch braucht gerade er eine besonders feste Lehrerhand. Wird ihm erlaubt, von der Landschaft her zu beginnen und weite Wiesen- oder ferne Bergpläne hinzuzeichnen, die er nachher voll Farbe pinselt und denen er ein paar winzige Figürchen, Häuschen oder Bäumchen nachträglich hinzufügt, dann wird Pfuscherei in der Schule geradezu gezüchtet. Eine Appenzeller Bauernmalerei wäre ein (leider zu wenig bekanntes) gutes Vorbild. Nämlich am „Ding“ genauso verharrend wie jüngere Zeichner, nie vage malend, sondern auch im Malen konkret bleibend und jederzeit artikulierend: hier Gras, da Laub, dort zerrissener Fels.
Hintergrund ist ein Kapitel, in dem sich heute Unausgegorenes, Modisches und auch Imitatives ungut mischen. Die Forderung nach einem getönten Untergrund kann selbstverständlich berechtigt sein, etwa wenn das kalkweiße Papier dem Auge lästig wird. Dann wäre das Nächstliegende, kein kalkweißes Papier zu verwenden, sondern leicht getöntes oder Tonpapier (FT 4 re, FT 5). Diese Tönung selbst herzustellen, fällt technisch schwer, und viele Arbeiten leiden unter solchen Versuchen. Die schlechteste Begründung, einen Hintergrund zu fordern, ist die, daß ja auch in der Natur immer einer vorhanden ist. Dabei wird übersehen, daß grundsätzlich der Zeichnende und Malende, genauso wie der sprachlich Schildernde, darin frei sind. Wie ich einen Baum mit Worten nur als solchen beschreiben kann und nicht gezwungen bin zu sagen, daß er etwa auf dem blauen Himmel steht, genauso wenig muß ich beim Malen eines Baumes den überaus schwierigen blauen Hintergrund mitmalen (Abb. 129, 130); ich kann mich auch hier auf den Baum beschränken. Ja, es ist nicht einmal nötig, seinen „Untergrund“, also

Sigune Depner 5 b

TAFEL 6 „Vogel im Beerenstrauch“, 5. Schuljahr.
„Innfähre“ – Hinterglasmalerei, 7. Schuljahr

den Standplatz, mit ins Bild zu bringen. Tut man es, dann genügt nicht eine grün angestrichene Fläche. Der Pinsel soll artikulierend von dem sprechen, was das Grüne ausmacht, von dem Gras also. Das kann auch flüchtig geschehen und muß nicht in Kleinigkeitskrämerei ausarten. Besonders ist es – um diesen Fall im Auge zu behalten – nicht nötig, den Boden bis an den unteren, rechten und linken Rand hinauszumalen. Es genügt die Zone um den Wurzelbereich herum. Das zu üben, trüge auch etwas zur vielberufenen Geschmacksbildung bei und würde den Schülern klar machen, daß in solcher Hinsicht der Maler ein Frei-Herr ist.

Die *Freiheit im Bildnerischen* liegt auch darin, daß es sich beim Malen niemals um das Nachahmen von beobachteten Farbschattierungen handeln kann. So erhalten z. B. zwei sich teilweise überdeckende Lindenblätter nicht jeweils eine andere Farbe, weil es so beobachtet worden wäre. Ein Blatt kann um der Klarheit willen heller oder pastoser in einem anderen Grünton gemalt werden. Auch die Rippen der Blätter, die in Wirklichkeit vielleicht kaum heller oder dunkler sind, sollten heller oder dunkler gemalt werden, damit sie sich von ihrem Grund abheben und gerade dadurch sichtbar erscheinen können.

So trifft auch die Farbe das Wirkliche gerade dadurch, daß sie die einzeln beobachtete Erscheinung n i c h t nachmacht. Ähnlich ist es in der hohen Malerei, die Farbig-Sein zu höchster Schönheit steigern kann, und zu der das Schülermalen eine Art Vorspiel darstellt.

Abb. 129

Abb. 130

Abb. 129 Links: Baum, Hintergrund nachträglich aufgetragen – Abb. 130 Bäume aus dem 1. Schj.; sie bedürfen keines Hintergrundes, um sich selber zu zeigen

2. UMGANG MIT HANDWERKSZEUG UND MATERIAL

Das wichtigste Handwerkszeug ist der *Pinsel,* und an ihm sollte nicht gespart werden, da dies zu vielen Mißerfolgen führen kann. Er soll buschig sein, nicht dünn mit wenig Haaren, muß sich aber angefeuchtet spitzen. Leider scheint die irrige Meinung zu herrschen, daß man um so feiner malen könne, je dünner der Pinsel ist. Auch der dicke Pinsel (Nr. 8 ist besser als Nr. 6) kann dünne Striche malen, wenn er gut ist.

Die *Farben* müssen Deckkraft haben. Am besten sind die in runden Näpfchen angebotenen. Die viereckigen Steinchen aus harter Masse enthalten meist nur einen anilingefärbten Füllstoff. Nicht die Zahl der im Kasten vorhandenen Farben entscheidet, sondern deren Güte. Man kommt mit sechs Näpfchen und einer Tube Weiß aus. Damit kann man unzählige *Farbtöne mischen.* Mit farbhaltigem Pinsel sollte man jedoch nicht andere Farbe aufnehmen, sondern die erste vorher mit einem Lappen abstreifen, den Pinsel im frischen Wasser auswaschen, erst dann die Farbe aufnehmen! Immer genügend Mischfarbe herstellen und von Zeit zu Zeit umrühren! Man sollte die Kinder allmählich dazu bringen, die Farbe nicht rein zu verwenden, sondern zu mischen.

Nicht jedes *Papier* eignet sich zum Malen. Es muß vielmehr dick sein, sollte geleimt sein und aus gutem Stoff bestehen. Im allgemeinen eignen sich die üblichen Zeichenbogen auch zum Malen. Aber selbstverständlich nicht Schreibmaschinenpapier, da es viel zu dünn ist und die Feuchtigkeit nicht aushält. Darauf muß der Lehrer ein Auge haben. Manchmal kommt es vor, daß gutes Papier die Farbe nicht annimmt; dann ist es überleimt, und das beste Mittel dagegen ist, es rasch einmal feucht abzuwischen.

Leicht *bräunliche oder graue Papiere* eignen sich gut, weil sie das Kind daran gewöhnen, einen Grundton in den Zusammenklang miteinzubeziehen, das Gemalte auf ihn abzustellen. Solches Papier ist auch am Platz, wenn den Lehrer die Lust anwandelt, aus irgendwelchen Gründen das Weiß des Papiers durch Grundieren mit einer dezenten Farbe zu brechen. Sogar Packpapiere, besonders bei größeren Formaten, eignen sich. Starkfarbige Tonpapiere sind aber nur in einzelnen Fällen dienlich. Man muß dann die Farbskala stark beschränken, eben auf jene Töne, die sich mit dem lauten Grund vertragen.

ZUR TECHNIK

Den Pinsel kurz fassen, Handballen auflegen! Die Metallzwinge darf das Papier nie berühren. Breite Flächen verlangen einen breit laufenden Pinsel, der in einer Richtung von oben nach unten zügig, Strich neben Strich geführt, aber nicht hin- und hergewetzt wird. Die Grundfarbe soll flüssig sein. Ist sie getrocknet, werden in dichterer, mit wenig Wasser vermischter Farbe und spitzem Pinsel die Einzelheiten darüber gemalt unter Beachtung der wichtigen Regel: Dunkel auf Hell, Hell auf Dunkel. Es wird nichts ausgespart. Der schon vorhandene Grund zwingt den Schüler, mit ihm zu rechnen, niemand wird z. B. Braun auf Braun malen. Den Hintergrund nach dem Malen der Gegenstände zu bepinseln, ist widersinnig und zudem mühevoll. Der Lehrer kann dies den Kindern mit einem Vergleich klarmachen: Es wäre dies genauso töricht, wie wenn die Mutter den Tisch völlig mit Geschirr und Besteck decken würde und erst nachher das Tischtuch unterschieben wollte.

3. TECHNIKEN

3.1 Malen mit Wasserdeckfarben im 1. Schuljahr

Viele Lehrer scheuen sich im 1. Schuljahr mit Wasserfarben zu malen, weil es zeitaufwendig ist. Das ist sehr schade, denn Kinder können nicht früh genug an den Umgang mit Farbe herangeführt werden. Das Gelingen einer Malstunde mit kleinen Kindern hängt von der guten Organisation ab. Dazu seien hier einige Anregungen gegeben, die aus langjähriger Erfahrung stammen.

○ Wir verwenden gebrochen-weißes Zeichenpapier, gedeckt-farbiges oder schwarzes Tonpapier vorwiegend im Format DIN A4.

○ Die Stunde sollte nicht am Ende des Unterrichtstages, sondern am günstigsten nach der Pause liegen. So können vorher schon einige Vorbereitungen getroffen werden, die die Arbeit erleichtern. Die Kinder legen die Utensilien bereit: auf dem Zweiertisch beide Malkästen in der Mitte nebeneinander, die Zeichenblöcke nach außen gerückt, das gemeinsame Wassergefäß, am besten eine Liter-Konservendose hinter den Malkasten, dazu Lappen und Übungsblatt. Die Gefäße füllt ein Ordner in der Pause zu Dreiviertel mit Wasser. Auf diese Weise kann der Unterricht nach der Pause in Ruhe begonnen werden. Vor dem Unterrichtsgespräch befeuchten die Kinder noch jeden Farbstein mit einigen Tropfen Wasser.

○ Das Malen selbst führt der Lehrer an einem eigenen Tisch vor.

○ Wir wählen einfachste Themen aus, bei denen sich ein Übergang vom zeichnerischen Umreißen zum flächigen Malen leicht finden läßt:

- Rosette, Stern oder Sonne mit Gesicht und flammenden Strahlen; auf quadratisches Papier gemalt, lassen sich diese Motive zu einem Teppich zusammenfügen als erster einprägsamer Schmuck für das Schulzimmer
- Schweifstern auf schwarzem Tonpapier, auch mit Gold und Silber
- Papierdrachen mit geschwungenem Schwanz
- Blumen: Wunderblume, Blumenwiese, Blumenstrauß mit Schleife (als Glückwunsch)

Abb. 131 Beispiele zum Malen im 1. Schj.

3.2 *Malen mit Wasserdeckfarben in Grund- und Hauptschule*

Auch der Unterricht im Malen muß einerseits *Bestimmtes lehren,* andererseits die *nötige Freiheit lassen.* Ohne Freude und Vertrauen, also ohne Freundlichkeit und Nachsicht, gibt es keinen Erfolg, und wenn noch so exakte Resultate herauskommen. Der Lehrer muß auch den Meister machen, indem er selbst den Pinsel zur Hand nimmt, dem Schüler zeigt, wie er zu halten ist, wieviel Wasser eine angemachte Farbe noch braucht, wie man allzuviel Farbflüssigkeit wieder absaugt u. a. m.

Der Schüler braucht die sogenannten Wasserdeckfarben. Sie werden von vielen Firmen hergestellt und haben den Vorzug, daß sie sowohl dicht, wie auch dünn vermalt werden können, was sehr wichtig ist. Von den nur in wässeriger Mischung verwendbaren Aquarellfarben unterscheiden sie sich durch den größeren Durchmesser des Näpfchens, der etwa 33 mm beträgt. Ganz unbrauchbar sind die phantastisch mit unzähligen eckigen Farben ausstaffierten Produkte oft anonymer Firmen. Sie enthalten meist nur anilingefärbte harte Füllmasse und sind unergiebig.

Da sehr viel von den Farben abhängt, muß der Lehrer danach trachten, unbrauchbares Material aus der Klasse fernzuhalten. Elternversammlungen sind der richtige Ort, das rechte Material dringend zu empfehlen. Wenn der Lehrer das Nötige selbst besorgt, hat er scheinbar mehr Arbeit, erspart sich aber am Ende überflüssiges Umtauschen. Es genügen Malkasten mit 6 Farben und Deckweiß. Aus ihnen sind tausende von Tönen zu mischen. Bei geübten Oberklassenschülern genügen die drei Grundfarben und Schwarz und Weiß, vor allem bei den „Plakafarben".

Nach welcher Farblehre wird gemalt? – nach gar keiner, außer man bezeichnet auch das Grundprinzip des Kontrastierens als Farblehre. In gewissem Sinne übt der Lehrer durch seine beharrlich verkündete Forderung, es müßten immer Farbunterschiede gemacht werden, einen – allerdings wohltätigen – Zwang aus. Doch läßt er dem Kind die Freiheit, solche Unterschiede in einer Tonskala zu machen, die es liebt und sich selber schafft.

Daß *Farbe gegen Farbe* zu setzen ist, um die erwünschte (Sach-)Klarheit zu schaffen oder zu erhalten, ist leicht einzusehen. Desto erstaunlicher, daß so viel Arbeit des Lehrers nötig ist, um es durchzusetzen! Wer diese Mühe scheut und, unter dem Vorwand, er wolle frei malen lassen, einfach drauflospinseln läßt, kann des Mißerfolges gewiß sein. Dann werden etwa eine Hütte, ein Zaun, ein Pferd, die nahe beieinanderstehen oder gar sich überschneiden, hintereinander bedenkenlos mit dem gleichen Braun angemalt, obgleich man dann nichts mehr unterscheiden kann. Dieser einfache Grundsachverhalt ist entscheidend wichtig, trotzdem ist er vielen Lehrern nicht bekannt. Wenn aber ein Lehrer dem malenden Schüler begreiflich macht,

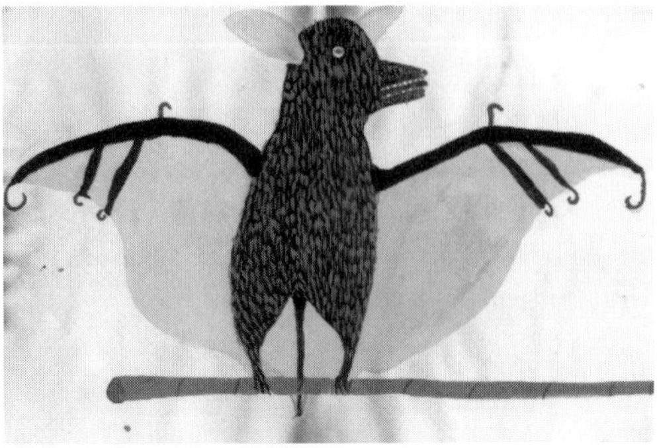

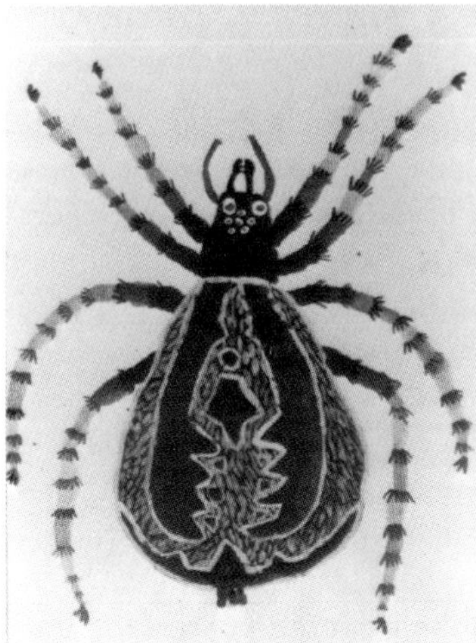

Abb. 132 Beispiele der HS

was sachgerecht und notwendig ist, dann schränkt er ja nicht dessen Freiheit ein, sondern macht sie erst möglich, weil niemand im Widersinnigen frei handeln kann. Das gilt sogar für gewisse auffallende *Eigenarten der Farbwahl,* die von der seelischen Stimmung des Schülers abhängen. Manche nehmen nur düstere Farben, andere nur flache und helle. Es wäre falsch zu meinen, solche Kinder müsse man eben gewähren lassen. Ein diktatorischer Befehl ist freilich nicht am Platze; aber ein sachlicher Rat oder eine freundliche Aufmunterung sind gut und heilsam. Dies sogar im wörtlichen Sinn, denn nichts ist gesünder für eine verwirrte Seele, als sie – mit der nötigen Vorsicht selbstverständlich! – fürs Sinnvolle in der Wirklichkeit zu öffnen. Der Lehrer kann also jene, die nur dunkle Farben wählen, ohne Skrupel darauf hinweisen, daß sie sich leichter tun, wenn sie auch einmal helle Töne dazwischensetzen – im anderen Fall umgekehrt.

Wenn Kinder alles, was Holz ist, nur mit einer gleichen Braun-, alles was Stein ist, mit einer gleichen Graufarbe malen, dann kann man sie auf die Natur verweisen, die auch graue Töne bei Baumstämmen und mannigfach bunte Steine zeigt. Das heißt aber nicht, daß Kinder versuchen sollen, die Naturtöne zu treffen. Das kleine Kind beginnt damit, einfach klare Töne deutlich zu unterscheiden, und es zögert nicht, einen Rumpf rot und einen Kopf gelb zu färben. Dieses Prinzip der Unterscheidung bleibt sogar später noch erhalten und gilt eigentlich immer, wenn auch in verfeinerter Weise. Insofern kann man sagen, auch das langsam sich differenzierende Malen erfasse immer mehr von der reichen Besonderheit der Umwelt, ohne aber die gesehenen Töne einfach zu übertragen.

Der *Bleistift* kann nicht malen, sondern nur der Pinsel. Ersterer hat seine Besonderheiten mit Vorzügen und Nachteilen, letzterer aber auch. Am Ende muß doch der Pinsel beim Malen vorherrschen und selbst die Form bestimmen. Deshalb soll man möglichst bald zu ihm greifen. Eine völlig durchgearbeitete Zeichnung kann genau genommen nur koloriert werden, was eine Sache für sich, aber eigentlich kein Malen ist.

Doch ist Radikalismus nicht am Platze, besonders nicht, wenn den Lehrer oder die Schüler noch eine Furcht vor dem Mißlingen beherrscht. In diesem Fall kann etwas mehr vorgezeichnet werden. Bleiben die malenden Schüler bei der Sache, dann arbeiten sie sich verhältnismäßig rasch ein und können mit dem Pinsel fast wie mit dem Bleistift umgehen. Die große Einteilung freilich, das Gerüst des Bildes, wird auch dann noch am besten mit dem Bleistift vorher gemacht, denn das gibt dem wenig geübten Kinde Sicherheit.

Da auch das *farbige Bild* von seinem Gegenstande spricht, kann es sich nicht in einem Nebeneinander angemalter Flächen erschöpfen. Die Struktur der einzelnen Dinge und ihr zeichnerischer Aufbau – es muß nicht Bleistiftzeichnung sein – sind ebenso wichtig. Wenn der Schüler, statt alles schematisch gleich, wenn auch in verschiedener Farbe anzupinseln, den Pinsel mit Strichelung, mit Tupfen, Streifen sprechen läßt, dann kann er die jeweilige Beschaffenheit des Gegenstandes ausdrücken. Grünes Gewand, grüne Wiese, grüner Baum sind recht verschieden strukturiert und das wird mit der bloßen Flächenfarbe nicht getroffen.

Innengliederung von Umrißformen wie Blattrippen, Fischschuppen, Ornamente auf Nikolaus- und Königsmänteln, Nasen und Augen in Gesichtern, Haare von Tierfellen, Vogelfedern u.a.m. malen die Kinder deckend und kontrastierend erst auf, wenn die lasierend aufgetragene Untergrundfarbe trocken ist. Dabei wird nichts ausgespart. Die Wasserdeckfarbe eignet sich vorzüglich dazu. Durch die dabei auftauchende Abwechslung zwischen *dünnflüssig Breitgemaltem* und *dichtfarbigen Einzelheiten* darauf entsteht eine reizvolle Spannung. Das Prinzip ist denkbar einfach, aber äußerst wichtig: Hell auf Dunkel und Dunkel auf Hell. Die Maler sollten sich dabei nicht am Aussehen des Gegenstandes im Sinne von Anblicksrichtigkeit orientieren, z.B. die Farbe eines Ärmels, der die Jacke überdeckt, soll heller oder dunkler sein als die Jacke selbst, auch wenn beide die gleiche Farbe haben.

Über die Übung – Die beste Übung wird durch die wirkliche Aufgabe geboten. Technische Perfektion, etwa fleckenlose Flächenmalerei oder Exaktheit des Striches, ist gerade beim Malen kein echtes Ziel; es ist sinnlos, durch abgetrenntes Training darauf hinzuarbeiten. Das im Menschenwesen begründete Schwanken soll zwar nicht begünstigt, aber hingenommen werden. Auch deswegen, weil es getreulich sozusagen den seelischen Pulsschlag widerspiegelt. (Allenfalls kann man das *Farbmischen* in einer kleinen Übung ausprobieren. Praktische Hinweise enthalten die Abschnitte 3.21 und 3.22.)

Abb. 133 Wildenten, 4. Schj.

3.21 *Streifenpapiere*

Beim Malen von Streifenpapieren (FT 8 Mitte) lernen die Kinder mit Wasserfarben umzugehen, die Farbe dick anzurühren oder mit Wasser zu verdünnen und sie zu mischen, helle Streifen neben dunkle zu setzen, schmale im Wechsel mit breiten zu ziehen. Wir gehen dabei schrittweise vor mit der Absicht, nicht einfach Farben aus dem Kasten der Reihe nach zu benutzen.

MATERIAL UND WERKZEUG
- Zeichenpapier
- Plaka- oder Deckfarben
- verschiedenbreite Mal- und Borstenpinsel
- mehrere Schraubdeckel von Gläsern zum Mischen der Farben

ZUR TECHNIK

Zuerst mischen alle Kinder ihre Lieblingsfarbe. Wir achten dabei darauf, daß ausreichend Farbe – je nach Papiergröße – im Deckel angerührt und der Farbton auf einem bereitliegenden Stück Papier ausprobiert wird. Nun malen die Kinder Querstreifen in etwa gleichen Abständen, z.B. zweifingerbreit, über das ganze Blatt. Dann wird eine zweite Farbe ausgewählt oder evtl. die erste Farbe durch Beimischen einer weiteren verändert. Ist die erste hell, sollte die zweite dunkler sein, ist sie durchsichtig, sollte die zweite dichter sein, sind die ersten Streifen breit, könnten die zweiten schmäler werden. Nach leichtem Antrocknen werden diese entweder direkt neben die ersten Streifen oder in die Zwischenräume gesetzt. Zuletzt werden die verbleibenden weißen Streifen angemalt. Wir mischen dafür eine passende Kontrastfarbe, die unser Blatt noch belebt. Aber auch der Papierton kann als vierter Farbstreifen miteinbezogen werden.

3.22 *Selbstgefärbte Buntpapiere*

Zwar ist Farberziehung ein Prinzip, das in allen Maltechniken grundlegend wirksam werden sollte. Aber man kann mitunter die Farbigkeit an sich in den Mittelpunkt rücken. Besonders gut geeignet erscheint uns dafür das *Malen von farbigen Papieren,* die dann für verschiedene Zwecke, meist schmückender Art, verwendet werden sollten. Die hier gemeinten Buntpapiere sollen noch keineswegs mit Mustern ausgestattet werden wie Kleister- oder Streifenpapiere. Es geht darum, durch probierendes Mischen die eigene Lieblingsfarbe zu finden, und dazu eine zweite, passende zu suchen. Dieses Malen in noch ungeformten Farbflecken kann zwar den Sinn und die Liebe zur Schönfarbigkeit und ihrer Differenzierung wecken und fördern – noch mehr, wenn eine dritte Farbe und Helligkeitsabstufungen hinzukommen. Aber eine solche, vom Gegenstand abgetrennte Schulung von Sensibilität für Farbe birgt, wenn sie nicht wieder in den gegenständlichen Bereich zurückgenommen wird, eine gewisse Gefahr in sich. Gemeint ist damit eine

Abb. 134 Blätter im Herbst

dem Kind und dem Jugendlichen nicht angemessene ästhetische Haltung, in der die Sinngestalten an Bedeutung verlieren und schließlich die abgetrennten Übungen zum Selbstzweck werden. In Wirklichkeit entfaltet sich die echte und lebendig saftige Farbigkeit am natürlichsten und intensivsten, wenn sie dazu dient, die Gegliedertheit der Dingwelt und schließlich ihre räumliche Schichtung zu klären und zu gestalten. Darin liegt der natürliche Anlaß, Farbigkeit weiter zu differenzieren.

An konkreten Beispielen sei gezeigt, wozu die selbstgemalten Buntpapiere sinnvoll gebraucht werden können.

Wenn man in einer Hauptschulklasse unterrichten muß, die bildnerisch kaum gefördert worden ist, kommt es vor, daß die Schüler nicht imstande sind, in Form und Farbe einfachste Gebilde echt zu gestalten. Ein Ausweg liegt darin, z.B. für das Thema „Blätter im Herbst" (Abb. 134) zunächst Herbstfarben als Flecke malen zu lassen. Dabei finden die Schüler möglichst vielerlei Farbtönungen im Bereich Gelb-Orange-Rot-Braun-Gelbgrün und schneiden daraus schöne Blattformen: ei-, lanzett-, herzförmige, glattrandige, gezackte und gelappte u.a.

Abschließend wird das Farbempfinden noch einmal geweckt, indem die Schüler aufgefordert werden, die Blätter locker, aber farbig zusammenklingend auf passendem Grund zu gruppieren.

Eine andere Aufgabe wäre es, viele verschiedenfarbige Grüntöne für Blätter zu malen, dazu abschließend einige passende Rottöne zu suchen. Daraus

werden Blätter geschnitten in verschiedenen Formen, die zu einem dekorativen Blumenkranz geordnet, mit einigen roten Farbtupfern dazwischen auf ein farbig passendes Papier geklebt werden können zu einem schönen Schmuckblatt. Das ganze ist zugleich eine Farbübung für die Gestaltung eines schönen Blumenstraußes.
Schon in der ersten Klasse kann man das Malen von farbigen Papieren pädagogisch fruchtbar anwenden. Auf Abb. 104 sehen wir Glückwunschbriefe zum Muttertag. Die Blumen und Blätter wurden aus selbstgefärbten Papieren ausgeschnitten und auf Tonpapier gesetzt. Dabei ging es darum, den farbigen Grund, der zu den Blumen paßte, selbst auszuwählen. Den farbigen Hintergrund zu malen, hätte die Kinder dieser Altersstufe überfordert.

3.23 Kleisterpapiere

Kleisterpapiere herzustellen, ist eigentlich nicht schwierig. Sie können einfarbig, kleiner oder größer, gemustert oder gestreift, sein. Das Papier wird durch diese Technik kräftiger und strapazierfähiger.
Es lohnt sich, dem Schüler genügend Zeit für Experimente an kleineren Papierstücken zu lassen. Sie finden dabei die unterschiedlichsten Variationen und übertragen gut Gelungenes auf größere Bogen. Bei kleinformatigen Papieren ist es wichtig, kleinteilig zu gliedern, indem man schmälere Streifen aufmalt, die durch engzahnige Kämme untergliedert werden können. Die Gestaltung eines gestreiften Kleisterpapiers erfolgt nach den gleichen Regeln, wie sie im Kapitel „Streifenpapiere“ beschrieben sind.

Abb. 135 4 Beispiele von Kleisterpapieren

MATERIAL UND WERKZEUG

- festeres Papier, das auch getönt sein kann, z. B. helles Packpapier oder Ingrespapier
- Plaka- oder Deckfarben
- dickflüssig angerührter Tapetenkleister
- zäher Karton zum Schneiden von kleinen Kämmen
- Korken oder selbstgeschnittene Kartonstempel (siehe S. 63, Abb. 72)
- Kleisterpinsel, 2–3 cm breit
- verschiedenbreite Malpinsel
- mehrere Schraubdeckel von Gläsern zum Mischen der Farbe
- je Blatt eine Unterlage aus Karton oder Zeitung
- farbloses Bodenwachs als Schutzüberzug für die fertigen Papiere

ZUR TECHNIK

Vorbereitende Arbeit:

- Das Papier wird zunächst mit *farblosem Kleister* eingestrichen und zum Trocknen beiseite gelegt. Dadurch saugt es die zweite Kleisterschicht langsamer auf und trocknet langsamer.
- Aus den Kartonstreifen schneiden wir *verschiedene Kämme* zurecht: entsprechend der Größe des Papierformates mit weiter oder enger gesetzten Zähnen. Wir achten darauf, daß die Zähne im Laufe der Arbeit nicht aufweichen und schneiden ggf. einen neuen Kamm.
- In den Deckeln mischen wir *nasse Farbe* in ausreichender Menge; bei großen Flächen kann auch Dispersionsfarbe verwendet werden.
- Der *Arbeitsplatz* wird abgedeckt, alle notwendigen Arbeitsmittel und Werkzeuge stehen bereit.
- Auf das vorgekleisterte Papier tragen wir *Kleister* auf und achten darauf, daß auch keine Ecke trocken bleibt.
- Wollen wir einfarbiges Papier, streichen wir die gesamte Fläche mit breitem Pinsel ein. Für *Streifenpapier* malen wir zunächst Streifen in der ersten Farbe mit Abstand auf, die zweite in die Zwischenräume. Bei zu gleichtonigen Streifen setzen wir einen feinen Kontraststreifen dazwischen (siehe auch 3.21).
- Rasch fahren wir jetzt mit unserem *Kamm* senkrecht oder waagrecht oder diagonal über den Bogen. Geübte Schüler können auch kurzwellige oder kleinzackige Linien ziehen.

Zum Abschluß betrachten wir den Papierbogen kritisch und probieren evtl. weitere Möglichkeiten aus, z. B.

- durch kleine Stempel oder durch Stupfen mit dem Pinsel *eine dritte Farbe* in die Rautenfelder oder auch Kreuzungspunkte zu setzen,

- durch *Entziehen der Farbe* mit einem Kartonstempel oder Korken (dabei jedesmal abwischen!) einen Bogen weiter zu gliedern.

Zu bedenken ist, daß einfach gegliederte Papiere immer schöner werden als ausgeklügelt gemusterte, wenn die einfachen Elemente dicht gefügt werden und gut zusammenklingen.

Die getrockneten Kleisterpapiere werden von der Rückseite gebügelt und dann gewachst.

Die schönsten Bögen verwenden wir
- für Überzugspapiere von Schachteln und Mappen,
- für Geschenktaschen und Geschenkpapiere,
- für Faltarbeiten, wie z. B. Fangbecher und Zaubertüten,
- für Spiel- oder Gebrauchsgegenstände, die durch Kaschieren mit diesem Papier stabiler werden sollen.

3.24 Einfache Batik – ein Reservierungsverfahren

Das Charakteristische an der Batik ist der meist heiße Wachsauftrag, welcher schnell erstarrt und nach dem Färbevorgang sehr scharfe klare Konturen aufweist. Es handelt sich um eine Technik, die viele Variationsmöglichkeiten bietet, z. B. auf Papier, Stoff, Holz, Eiern. Man kann aber auch kaltes Wachs verwenden.

MATERIAL UND WERKZEUG
- Weiße Kerzenreste, Stearinkerzen
- Wachsmalkreiden
- Wasserdeckfarben oder Holzbeizen (sind besonders leuchtend), mit Wasser angerührt
- gut saugendes Papier, z. B. Umweltpapier, helles Tonpapier, Ingres- oder nicht zu dünnes Japanpapier
- für den Wachsauftrag mit flüssigem Wachs Borstenpinsel, Rundholz oder Bleistift mit Stecknadel oder Tjanting
- für den Farbauftrag breitere Borstenpinsel
- Abdecktuch, Zeitungsunterlagen, Arbeitskittel
- Schmelzvorrichtung: Stövchen, kleine Herdplatte (aus dem Chemieunterricht) oder selbstgebaute Vorrichtungen, z. B. ein alter Löffel, mit einem Klebeband auf einer Konservendose befestigt, eine Kerze unter dem Löffel schmilzt das Wachs
- Poliertuch

ZUR TECHNIK

Der Batikvorgang ist, kurz erklärt, folgender:

Mit dem Wachs wird die Stelle des hellen Materiales bedeckt. Verwendet man nur die kalte Kerze, so ist ganz wichtig, daß beim Auftragen *genügend Druck* ausgeübt wird, damit man das Wachs beim Farbauftrag nicht wieder

wegreibt. Die Wachsschicht ist wasserundurchlässig. Beim Einfärben mit *dünnflüssiger Wasserfarbe* oder Holzbeize perlt diese von der Wachsschicht ab. Die übrige Fläche nimmt die aufgetragene Farbe an, während die gewachsten Flächen den ursprünglichen Farbton behalten. Nach jedem Einfärben muß die Arbeit *völlig trocknen.* Deswegen ist es günstig, mehrere Papiere gleichzeitig herzustellen.
Wachsen und Färben wechseln sich ab. Man beginnt mit dem hellsten Farbton. Der letzte Arbeitsgang ist ein Farbauftrag. Zum Schluß wird das Papier durch Wachsen und Polieren wasserfest gemacht.

Abb. 136 Ostereier in Stecknadelbatik

Für diese Technik eignet sich besonders das *Streifenmuster* (siehe auch 3.21).
Zur Farbtafel FT 8 Mitte beschreiben wir die *Arbeitsschritte:*
- auf festes weißes Papier für eine Mappe DIN A4, Wachs in schmalen Streifen fest auftragen, etwa 3 cm auseinander
- dünnflüssige hellrote Farbe über das gesamte Papier malen, der Grundton Weiß bleibt dort erhalten, wo die Wachsschicht aufgetragen wurde
- trocknen lassen
- zweiter Wachsauftrag: schmale Streifen zu beiden Seiten des weißen Streifens
- Übermalen der gesamten Fläche mit blauer Farbe
- trocknen lassen
- wachsen und polieren

Wie in den meisten Techniken empfiehlt es sich auch hier, die Arbeitsweise an kleineren Papieren auszuprobieren und den Schwierigkeitsgrad zu steigern:

Schon im 1. Schülerjahrgang ist diese Technik mit Wachsmalkreiden auf kleinem Format möglich. Später, wenn die Kraft ausreicht, batikt man mit Kerzenresten. Flüssiges Wachs verwendet man am besten erst ab dem 4. Schuljahr. Bei einfachen Batik-Eiern wird das Wachs der brennenden Kerze auf das Ei geträufelt, dieses in ein Farbbad gelegt, getrocknet, wieder betropft usw. und in das nächste dunklere Farbbad gelegt.
Ältere Schüler können die *Stecknadelbatik* (Abb. 130) auf Papier oder Eiern anwenden. Dabei steckt die Nadel in einem Rundholz oder Bleistift, das Köpfchen taucht man in das flüssige Wachs. Durch einfaches Antupfen entsteht ein Punkt, zieht man den Punkt aus, wird daraus ein Tropfen. Für jeden Punkt oder Tropfen muß die Nadel neu ins flüssige Wachs eingetaucht werden.

3.3 Malen mit Kreide

3.31 Malen mit Tafelkreide

Wandtafel und Kreide üben eine große Anziehungskraft auf Kinder aus, vor allem wenn sie nicht nur zum Anschreiben von Texten und Rechenaufgaben benützt werden, sondern auch zum freien Malen.
Es geht dabei immer um *Gemeinschaftsarbeiten,* an denen sich alle Kinder beteiligen können. An einem konkreten Beispiel sei das für diese Technik Wesentliche und Mögliche kurz geschildert: Nachdem die Lehrerin im vorausgehenden Unterricht zunächst eine kleine schöne Kirche aus der Umgebung mit einem zweiten Schuljahr aufgesucht und betrachtet hatte, entstanden im Unterricht auf DIN-A4-Blättern Malereien zum Thema „Kirche auf dem Hügel“. Diese individuell gestalteten Arbeiten wurden natürlich nicht alle zu gleicher Zeit fertig. Deshalb sollte an einer etwa 4 bis 5 Meter langen Seitentafel ein großes Bild, mit farbigen Tafelkreiden gemalt, zum gleichen Thema entstehen.

Abb. 137 Kirche auf dem Hügel, Gemeinschaftsarbeit einer 2. Klasse

Natürlich war es vorher notwendig, auf die Möglichkeiten der großen Bildfläche hinzuweisen und von den Kindern vorschlagen zu lassen, wie sie sich die Aufteilung im großen Bildraum vorstellen.
Das abgebildete *Tafelbild* entstand nach und nach im Laufe etwa einer Woche. Während die Klasse mit der Gestaltung ihrer Einzelarbeiten beschäftigt war, fingen diejenigen, die fertig waren, mit dem großen Werk an der Tafel an. Es war dabei nötig, den Kindern, insbesondere zu Beginn der Arbeit, beratend beizustehen. In den folgenden Tagen wurde dann bereits vor Unterrichtsbeginn mit Eifer dort weitergemalt, wo man am Vortage aufgehört hatte.
Geeignet für solche Tafelmalereien als wertvolle vertiefende Zusammenfassung von bereits Behandeltem sind jene Themen, die einen gewissen Reichtum von Erlebnis und anschaulichem Inhalt aufweisen.
Dieses auf der Tafel selbstverständlich großförmige Malen ist eine Fortsetzung der auf Papier schon im Kleinen dargestellten Formgehalte. Dabei werden Kraft und Intensität der Vorstellung gesteigert, da die Kinder das Motiv ja nicht einfach wiederholen können, sondern es neu mit mehr Schwung zielsicher angehen und vielfältig variieren.
Daß die Kinder dabei lernen, mit der Tafelkreide umzugehen, ist auch für die Technik des Schreibens auf die große Tafel nützlich.

3.32 Malen mit Zuckerkreide auf Papier

Mit Tafelkreide kann man auch auf festem Tonpapier malen, wenn man das Verwischen der Zeichnung durch einen Trick merklich einschränkt: mit Zuckerwasser.

MATERIAL UND WERKZEUG
- Tafelkreide in allen Farben und Zuckerwasser
- schwarzes oder helles Tonpapier DIN A2

ZUR TECHNIK
Man nehme ein größeres Glas (etwa 1 l), fülle es halbvoll mit Wasser, löse darin 10–15 Teelöffel Zucker auf und lege die in Stücke gebrochene Kreide hinein, alle Farben in dasselbe Glas. Die Kreide löst sich nicht auf, sondern wird vom Zuckerwasser ganz durchdrungen. Der Zucker wirkt als Bindemittel. Es genügt etwa 1 Stunde Einweichzeit; noch besser ist es jedoch, die Kreide schon am Abend vorher einzulegen.
Die Kinder fassen das feuchte Kreidestück, das sehr schnell trocknet, und malen im sog. „Pfötchengriff". Während die Feuchtigkeit verdunstet, kann man beobachten, wie die Farben hervortreten und gleichsam aufblühen. Sie kommen am besten auf schwarzem oder hellem Tonpapier zur Geltung.
Kreide verlangt eine großräumige Zeichenspur. Deshalb ist es ratsam, den Kindern ein großes Papierformat, möglichst DIN A2, zu geben.

TAFEL 8 *Oben:* Tischlaterne, Wachsmalkreiden auf leinölgetränktem Tonpapier, 3. Schuljahr. Schirm, mit Stoffmalstiften bemalt, 6. Schuljahr.
Mitte: Papierbatik / gemalte Streifenpapiere, 1. Schuljahr. *Unten:* Schablonentechnik: Schmuckpapier, 4. Schuljahr, Rosette auf Stoff für Kissen, 6. Schuljahr

3.33 Malen mit Wachsmalkreiden auf transparentem Papier

Diese Technik (FT 8 li oben: Tischlaterne) eignet sich besonders gut für Laternen, Wimpel und Fensterbilder, bei denen es wichtig ist, daß sie das Licht durchscheinen lassen. Das übliche Pergamentpapier ist oft nicht stabil genug, so daß wir nach verschiedenen Versuchen folgende *Arbeitsweise* besonders empfehlen:
Gelbes Tonpapier wird durch *Leinöl* transparent gemacht. Es wirkt dadurch leuchtend hell und läßt die Farbigkeit der Motive intensiv erscheinen. (Versuche ergaben, daß alle Farbtöne, außer Weiß und Gelb, zu viel Licht verschlucken.) Zum Bemalen eignen sich *Wachsmalkreiden* vorzüglich, die wir dicht auftragen. Auf dem geölten hellen Grund leuchten sie besonders intensiv und zeigen auch ihre reiche Farbigkeit.

MATERIAL UND WERKZEUG
- Gelbes Tonpapier
- Leinöl
- Schwämmchen oder Wattebausch zum Auftragen des Öls
- Makulaturbogen zum Absaugen des überschüssigen Öls
- Wachsmalkreiden (beste Qualität ist entscheidend, z. B. Marke Caran d'Ache, die es auch einzeln zu kaufen gibt)
- Edding-3000-Stifte und Lackmalstifte

ZUR TECHNIK
Die Tonpapierbogen lassen sich mit einem ölgetränkten Wattebausch rasch einreiben. Zwischen unbedruckten Makulaturbogen gelagert, wird überschüssiges Öl aufgesaugt. Zeitungslagen eignen sich nicht, da die Druckerschwärze abfärbt. Das Papier wird in der gewünschten Größe zugeschnitten und bemalt. Sehr schön wirkt ein sattes Dunkelgrün, auch Weiß und Rosa, neben Rot-, Blau-, Brauntönen und Schwarz. Für feinere Striche können auch Edding-3000-Stifte oder je nach Thema goldene und silberne Lackmalstifte verwendet werden. Es empfiehlt sich, bereits Gemaltes durch ein Blatt vor dem Verwischen zu schützen.

Verwendungsmöglichkeiten:
- Laternen und Wimpel für die verschiedensten Gelegenheiten: Sommerfest im Garten, Martinsumzug und Weihnachtsfest. Geeignete Motive für ein Sommerfest: Vegetabiles; für die Winterzeit: Sonne, Mond und Sterne, Sterntalerkind mit Bäumen, Hänsel und Gretel und andere Märchen, Martinsumzug, Sankt Nikolaus kommt aus dem Wald u. ä. Grundsätzlich sollte man beachten, daß sich beim rundlaufenden Mantel hochgestreckte Formen besser eignen als Breitgelagertes.
- Windlichter mit abnehmbarem Mantel werden auf ähnliche Weise über einer kleineren Käseschachtel aufgebaut.

– Bei Weihnachtssternen für das Fenster schneiden wir aus einem Quadrat zunächst eine runde Scheibe, indem wir einfach die Ecken abrunden; diese Scheiben schneiden wir frei von außen nach innen zackig ein. Die Innenform wird strahlig bemalt. Bei den Zacken betonen wir zunächst den Rand farbig und gestalten ihre Innenform je nach Größe.

Abb. 138 Wimpel, 4. Schj.

3.34 Malen mit Ölpastellkreide

Gebräuchliche Marken: Jaxon, Panda, Sakura.
Die Ölpastellkreiden sind Ölfarben in Stiftform. Sie bestehen hautpsächlich aus Pigmenten, Wachs und Öl. Ihr Auftrag ist weicher als der von Wachsmalkreiden, sie sind fast cremig, ohne jedoch zu schmieren. Sie werden in schönen ausgewogenen Farben angeboten. Ihre Skala reicht von zarten weichen bis zu kräftigen, intensiven Tönen. Sie eignen sich gut zum Malen auf großformatigen weißen oder farbigen Papieren. Vor allem Farben mit weißen Pigmentanteilen lassen sich gut durch Über- und Ineinandermalen miteinander mischen. In Verbindung mit Wasserfarben und ihrem lasierenden Auftrag entsteht eine Mischtechnik, bei der es manche Überraschung gibt. Da die Kreidemalerei Wasser abstößt, läßt sich der Hintergrund nachträglich malen, was sonst fast immer die Bildqualität mindert.
Das *Malen mit Ölpastellkreiden* (FT 7 li) stellt keine besonderen technischen Anforderungen, erleichtert aber ein farbig differenziertes Malen. Freilich ist es nicht möglich, die persönliche Farbigkeit so selbständig zu realisieren wie mit den Wasserdeckfarben oder den drei Grundtönen und Schwarz und Weiß der Plakafarben.

3.4 Malen auf Stoff

Die Gestaltung von Stoffen erfolgt im Handarbeitsunterricht meist durch Besticken, Bedrucken oder Applizieren. Eine einfache Technik, mit geringem Zeitaufwand verbunden, ist das Bemalen von glatten Stoffen mit speziellen Stoffmalstiften oder Stoffmalfarben. Auf diese Weise können Stofftransparente und Kleider für Spielpuppen oder Kinder zu Schulfest und Schulspiel entstehen oder auch umweltfreundliche, persönliche (ohne Werbeaufdruck) Einkaufstaschen, Beutel und Schirme (FT 8 re oben) gestaltet werden.

MATERIAL UND WERKZEUG

- Glatter Stoff, empfehlenswert ist Baumwolle, nicht geeignet sind Wollstoffe und Filz
- Stoffmalstifte in reicher Farbauswahl, mit dünner oder breiter Spitze
- Stoffmalfarben
- Pinsel in guter Qualität
- Mischdeckel
- Unterlage aus Zeitung

Abb. 139 Tasche für Malblock DIN A3, „Riese mit Früchtekorb" auf Nesselstoff, 3. Schj.; links fertige Tasche, rechts Entwurf mit Filzstift auf Papier

ZUR TECHNIK

Fast immer wird der Gegenstand vor dem Zusammennähen der Teile bemalt. Bei fertigen Gegenständen muß evtl. das Rückteil mit einer Zwischenlage Papier vor dem Durchdringen der Farbe geschützt werden. Grundsätzlich arbeitet man mit einer Unterlage; auch ist die Kleidung vor Farbe zu schützen, da diese nicht mehr entfernt werden kann.

Nur nach einem sorgfältigen Entwurf, mit klaren Formen und ohne Überschneidungen, kann der Gegenstand zügig und ohne Fehler bemalt werden. Diese Vorzeichnung legt man bei dünnen Stoffen darunter oder befestigt sie leicht mit einem Klebstreifen; bei dickerem Stoff wird sie mit Bleistift leichthändig und nur in wesentlichen Zügen übertragen.

Für *großflächige Malerei* eignet sich besser die *flüssige Textilmalfarbe,* nicht zu verwechseln mit der Stoffdruckfarbe. Es gibt sie in den verschiedensten, auch untereinander vermischbaren Farbtönen. *Textilmalstifte* verwendet man wie Filzstifte, die ebenfalls in vielen Farben zu erhalten sind. Die Stiftkappe muß nach Gebrauch sorgfältig verschlossen werden, um ein Austrocknen zu verhindern. Nach häufiger Benutzung franst der Stift aus; man kann ihn mit der Schere etwas zuspitzen. Bei der Verwendung dieser Textilfarben empfiehlt es sich, den Raum gut zu lüften.

Um die fertige Arbeit waschecht zu machen, muß sie meist durch Bügeln von der Rückseite fixiert werden. Dazu sollte man allerdings die Anleitung des jeweiligen Fabrikats beachten!

3.5 Malen auf Metall

Kaum eine andere Farbe eignet sich für festliche Anlässe besser als die prächtige Goldfarbe, eine Lieblingsfarbe vieler jüngerer Schüler.

Ergiebige Themen aus dem weihnachtlichen Festkreis, besonders für 5. und 6. Jahrgangsstufen sind die Heiligen Drei Könige, die Heilige Familie, die Geburt Christi, Christopherus und das hier abgebildete Thema „Verkündigung an die Hirten“ (Abb. 140). Als Malgrund dient Messingfolie. Ein geprägter Rand als Rahmen – der die Folie festigt und unbemalt bleibt – vervollständigt den Bildcharakter. Ein einfaches Grundelement, wie Zickzackform, Wellenlinie, Bogen, Ranke vermag die Rahmung einprägsamer zu zeigen als das Aneinanderreihen verschiedenartiger Teilformen.

Der besondere Reiz dieser Technik liegt – wie beim Sgraffito mit Wachsmalkreiden – im Kontrast der stumpfen Deckfarbe zum strahlenden Goldton des Messings.

MATERIAL UND WERKZEUG

- Messingfolie, 0,1 mm stark, etwa DIN-A6-Format
- Sidol zum Reinigen
- Wollappen zum Polieren
- Zaponlack
- Mattlack
- Plakafarbe zum Auftragen des Bildgrundes
- Deckfarben
- 2 gute Pinsel Nr. 6 und 3
- Schabeinstrument wie feines spitzes Messerchen (für feine Linien und kleine Flächen geeignet)
- ausgedienter Kugelschreiber zum Prägen
- weiche Zeitungsunterlage

ZUR TECHNIK

Nach dem Entfetten der Metallfolie wird *mit heller Plakafarbe grundiert* – vorher die Rahmenbreite markiert – und danach das Motiv in gewohnter Weise mit Deckfarben aus dem Malkasten gemalt. Damit beim abschließenden Herausschaben von Kleinformen die Farbe nicht abplatzt, ist die richtige Verdünnung von Plakafarbe wichtig: Ist sie zu dünn, deckt sie nicht, ist sie zu pastos, platzt sie leicht ab. Ein Mattlacküberzug schützt die Malerei, ein dünner Anstrich von Zaponlack den Rand vor dem Anlaufen.

Abb. 140 Verkündigung an die Hirten, 5. Schj.

3.6 Hinterglasmalerei

Wegen des schönen Farbschmelzes, der dieser Technik eigentümlich ist, erfreuen sich Hinterglasbilder großer Beliebtheit (FT 6 unten). Gute Bilder in dieser alten Volkskunsttechnik kosten heute viel Geld und werden oft nachgeahmt, teils mit recht zweifelhaftem Ergebnis.

Dabei ist es durchaus möglich, in der Schule Hinterglasbilder malen zu lassen, natürlich ohne die alten nachzuahmen, sondern in der unseren Schülern angemessenen Gestaltungsweise.

An einem Beispiel „Die Innfähre" soll die Besonderheit der Hinterglasmal-Technik dargestellt werden.

MATERIAL UND WERKZEUG

- Glasplatte 18 × 13 cm
- wasserfester schwarzer Folienstift
- glasklarer Lack zum Fixieren der Zeichnung
- Spiritus zum Reinigen der Glasplatte
- Deck- und Plakafarben
- Pinsel, Papier und Bleistift
- Rahmen und stabile Rückwand

ZUR TECHNIK

Zuerst wird ein *Entwurf auf Papier* im Format der Glasplatte gezeichnet. Es ist zu beachten, daß bei Hinterglasbildern das Motiv seitenverkehrt sichtbar wird, was im vorliegenden Fall keine Rolle spielt. Dann folgt das genaue Nachzeichnen des untergelegten Entwurfes auf die Glasplatte mit dem schwarzen Folienstift. Die Zeichnung wird mit durchsichtigem Sprühlack fixiert. Zum *Malen* mischen wir Plaka- mit Deckfarbe. Dadurch werden die Farben intensiver. Die Dichte des Farbauftrages muß ausprobiert werden.

Die *Reihenfolge der Arbeiten* bei der Hinterglasmalerei ist umgekehrt wie beim Malen auf Papier: zuerst die *kleinen Formen* wie Augen, Nase, Haare, Bart, Hut, Kopftuch, Heiligenschein, dann Gesichtsfarbe, Hände und Kleidung, erst dann die größer *ausgedehnten Formen.* Auf unserem Beispiel fängt das Blau der Wasserstreifen unten dunkel an und wird nach oben heller, wodurch das Wasser lebendiger erscheint. Der Lehrer veranlaßte die Schüler, an manchen Stellen das Wasser nicht ganz bis zur nächsten Welle zu malen. Dadurch entstanden über den Wellenkämmen weiße Flecken, die wie Schaumkronen aussehen. Unterlegte silberfarbene Alufolie steigert diesen Effekt. Die *Bretter des Schiffsleibes* sind in verschiedenen Brauntönen gehalten. Dadurch wird nicht nur die Gliederung besser sichtbar; es entsteht auch eine differenzierte Farbigkeit, die mit den zurückhaltenden Farbtönen der Figuren sowie dem Wiesen- und Himmelsstreifen gut zusammenstimmt.

Damit die Platten nicht zerbrechen, ist es ratsam, die fertigen Arbeiten möglichst bald zu rahmen. Es gibt dafür Wechselrahmen in passender Größe.

3.7 Malen mit Dispersionsfarben – Wandmalerei

Ein wichtiger Beitrag zur Atmosphäre im Schulhaus ist die Gestaltung der Wände. Meist hängen Schülerarbeiten an Pinwänden oder in Wechselrahmen; oft finden wir aber große, freie Wandflächen innerhalb oder außerhalb des Schulgebäudes, die sich von den Schülern gut bemalen lassen. Solche zeit- und arbeitsaufwendigen Projekte müssen gründlich geplant werden.

MATERIAL UND WERKZEUG

- Ausreichend (je nach Fläche 10 bis 20 Liter) weiße Dispersionsfarbe für Innenräume oder weiße Fassadenfarbe für Außenwände
- Abtönfarben in Literflaschen in den Grundtönen Gelb, Rot, Blau, Schwarz, evtl. Grün und Braun; zum Brechen von sehr grellen Farbtönen ist Ocker erforderlich
- Gläser mit Schraubdeckel zum Mischen und Aufbewahren der Farben
- verschiedenbreite Borstenpinsel für Flächen- und Feinmalerei
- Arbeitskittel und evtl. Arbeitshüte, da die Farben wasserfest und nur schwer zu entfernen sind
- Folie oder große Kartonplatten zum Abdecken des Bodens
- bei Außenwänden Plastikplanen zum Schutz der frisch gemalten Partien bei plötzlich auftretendem Regen
- mehrere Leitern, evtl. ein ausgeliehenes kleines fahrbares Gerüst
- zwei bis drei Eimer zum Auswaschen der Pinsel

Abb. 141 Wandmalerei „München", aus einer großen Gemeinschaftsarbeit der Sonderschule für Gehörlose Kinder, 4–10. Schj.

Abb. 142 Wandmalerei in einem Klassenzimmer ohne Fenster, Gemeinschaftsarbeit, 6. Schj.

ZUR TECHNIK

Auf einem gut abgedeckten Arbeitsplatz bespricht und zeigt der Lehrer das Mischen der Dispersionsfarben. Da sich diese von Möbeln und Böden nur im feuchten Zustand, aber aus der Kleidung gar nicht mehr entfernen lassen, ist auf sorgfältigen Umgang mit den Farben zu achten. Als günstig empfiehlt sich auch ein fahrbares Gestell, ähnlich einem Teewagen, auf dem wir Gläser, Pinsel und Farben deponieren.

Die verschiedenen Arbeitsgänge, das Mischen und Abtönen mit Grundweiß, das Bereitstellen von Material, das Verteilen und Übertragen von immer neuen Aufgaben sowie das Säubern der Werkzeuge und des Arbeitsplatzes erfordern eine wachsame Führung und aufmerksame Mitarbeit des Lehrers. Meist entwickeln sich im Laufe der Arbeit Spezialisten: Farblieferanten, die Töne mischen, Anstreicher für Vorgezeichnetes, „freie“ Maler und Ordnungsleute.

Da nach der Maltätigkeit jedesmal aufwendige Reinigungsarbeiten, wie das Auswaschen von Gläsern, Eimern und Pinseln und das Aufräumen der Hilfsmittel notwendig ist, empfiehlt es sich, eine nicht zu kurze Arbeitszeit einzuplanen.

Im Rahmen eines Schulfestes könnte eine solch schön bemalte Wand den Eltern vorgestellt werden.

Abb. 143 Malerei auf Kacheln, 8. Schj.

3.8 Malen auf Kacheln

Eine interessante und dankbare Technik ist das Bemalen von Kacheln. Nach dem Brand entsteht eine dauerhafte Farbigkeit auf der glänzenden Fliese, oft von überraschender Schönheit.

Die Kacheln verwenden wir einzeln als Untersetzer oder fügen sie zu einem großen Bild zusammen (Abb. 143): sie sind wischfest und dauerhaft.

MATERIAL UND WERKZEUG

- Fertig gebrannte Kacheln, in einem zurückhaltenden, matten Farbton
- Unterglasurfarbe für die feine Zeichnung
- farbige Streichglasur, am besten mit etwas Relatin vermischt, für die flächigen Formen
- feine Haarpinsel zum Malen
- Borstenpinsel oder Holzstäbchen zum Aufrühren der Glasuren
- Zeichenpapier für die Entwurfsarbeit

ZUR TECHNIK

Wir entwerfen mit Wasserfarben das Motiv in der Gesamtgröße, also im Format der Einzelkachel oder in der Größe von aneinandergesetzten Fliesen.

Es gibt Kacheln in den verschiedensten hellen Grundtönen. Wenn wir in mehreren Farbtönen einkaufen, können die Schüler wählen.

Da die von uns verwendeten Kacheln bereits glasiert sind, lassen sich die Malereien leicht korrigieren: Man wischt die mißlungenen Teile einfach weg.

Die *Unterglasurfarbe* besteht aus dem Farbkörper, der, mit Wasser angerührt, beim Brennen in die Grundglasur der Kachel einsinkt. Diese Farbe verwenden wir mit dünnem Pinsel zeichnend. Mit ihr sind feine und feinste Linien möglich. Sie lassen sich auch leicht durch Kratzen korrigieren. Aber dann Hände gut waschen!
Farbige Glasur muß pastos mit dickerem Pinsel verwendet werden. Damit lassen sich nur Flächen und sehr breite Linien auf die Grundglasur malen, z. B. der Panzer der Schildkröte, Hauswände und Dächer. Auf helle Glasuren kann man nach dem Brennen wiederum mit dunkler Unterglasurfarbe feingliedrige Strukturen zeichnen, z. B. Dachziegel und Fischschuppen. Glasuren müssen immer gut aufgerührt werden!

3.9 Malen auf Holz

Diese Technik bietet viele Möglichkeiten: das Bemalen von Schmuck- und Gebrauchsgegenständen wie z. B. Spanschachteln und Kästchen, kleinen Truhen und ausgesägten Wanduhren, von Spielfiguren und Holzspielzeug oder Votivtafeln.
Dabei taucht immer wieder die Frage auf, ob ein Holzgegenstand überhaupt bemalt werden soll. – Wir meinen, daß es zum einen auf das Grundmaterial Holz, mit dem wir arbeiten, ankommt, zum anderen auf Art und Gebrauch des Gegenstandes. Verwendet man edles Massivholz, kann die Struktur und Maserung wirken; Sperrholz und Spanplatten wird man grundsätzlich bemalen.

MATERIAL UND WERKZEUG

- Gegenstand aus Holz
- für jüngere Schüler Deckfarben in bester Qualität, für ältere Schüler Plakafarben, die unabwaschbar auftrocknen, für größere Arbeiten preiswerte Dispersionsfarben (z. B. 1 kg in der Plastikflasche)
- weiße Plakafarbe oder Dispersionsfarbe für Innenräume aus dem Eimer zum Grundieren und um die Farben heller und deckend zu machen
- nicht zu feine Haarpinsel von guter Qualität
- flache Borstenpinsel zum gleichmäßigen Auftragen der Grundfarbe
- Farbschalen, Deckel von Gläsern oder Plastik-Deckel von Malerkübeln als Paletten zum Mischen der Farben
- Mattlack zum abschließenden Lackieren der Gegenstände
- Für das Malen auf Holz ist besonders geeignet eine Farbe mit der Bezeichnung „Lukas Paint“. Es ist eine auf Kunststoffbasis hergestellte Kunstharzfarbe der Firma Lukas Künstlerfarben Dr. Schoenfeld, Düsseldorf. Sie trocknet im Unterschied zu den üblichen Plakatfarben mit Kaseinemulsion völlig wasserunlöslich auf, ist aber mit Wasser verdünnbar, solange sie noch nicht trocken ist. Eine Grundierung ist nicht notwendig.

ZUR TECHNIK

Nach der holztechnischen Fertigstellung, also dem Sägen, Raspeln, Feilen und Schleifen wird der Gegenstand bemalt. Dazu sollte man folgendes beachten:

Durch Feuchtigkeit, also auch durch wasserhaltige Farbe, stellen sich die Holzfasern auf; auch saugt das Holz die Farbe sehr stark ein, so daß es unbedingt erforderlich ist, zu *grundieren.* Dazu verwenden wir *weiße Dispersions- oder Plakafarbe,* evtl. mit etwas Wasser verdünnt. Dieser erste Anstrich hat außerdem noch den Vorteil, daß nötigenfalls mit nicht- oder nur halbdeckender Farbe gemalt werden kann. Man beginnt mit den Kanten, damit sich der Gegenstand bei der Weiterarbeit gut in die Hand nehmen läßt, und bemalt dann nach Bedarf Vorder- und Rückseite zügig mit breitem Pinselstrich. Nach dem Trocknen überschleift man die hochstehenden Fasern mit feinstem Schleifpapier. Da es dabei staubt, arbeitet man über Zeitungsunterlagen.

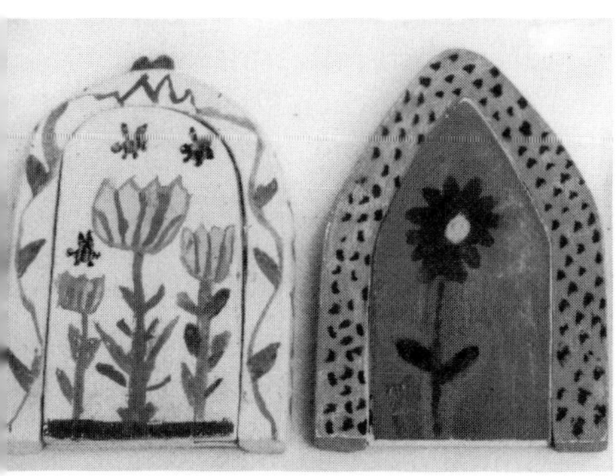

Abb. 144a, b Klappspiegel, 5. Schj.

Abb. 144c Serviettenständer, 3. Schj.

Abb. 145 Brettpuppen, Prinzessin mit Vogel im Käfig, Schulspiel, 6. Schj.

Für die *weitere Bemalung* bereiten wir den Arbeitsplatz mit Zeitungsunterlagen vor. Verwenden wir Dispersions- oder Plakafarben im größeren Gebinde, so empfiehlt es sich, vier Kinder an einem Malplatz zu gruppieren. Für jeden Tisch hat man einen Plastikdeckel als Palette, darauf setzt der Lehrer die gewünschten Farbtupfer (Vorsicht wegen Farbspritzern!). Die Schüler haben auf den Paletten noch soviel Platz, daß sie mischen können.
Es ist ratsam, sich auf *2–3 Hauptfarbtöne* zu beschränken. Gemalt wird mit dem Haarpinsel; zum Anstreichen größerer Flächen verwenden wir Borstenpinsel.
Das *Mischen und Malen* soll immer wieder einmal vorgezeigt werden, z. B. Anmischen der Farbtöne, Pinselführung, Farbkonsistenz: Die Farben können mit Wasser etwas verdünnt werden, so daß sie sich wie Deckfarben aus dem Malkasten behandeln lassen; ihre Konsistenz ist unterschiedlich.
Ehe wir die *Flaschen* öffnen, müssen sie gut geschüttelt werden, besonders wenn sie neu sind.

Farbreste dürfen nach Gebrauch auf den Paletten antrocknen, sie können später von der biegsamen Palette abgezogen werden (geringe Wasserverschmutzung). Nur die *Pinsel* müssen sofort ausgewaschen werden, da die getrocknete Farbe wasserbeständig ist.
Nachdem Grundsätzliches zum Umgang mit Plaka- und Dispersionsfarbe geklärt ist, wenden wir uns der Bemalung zu. Für den sauber geglätteten Holzgegenstand mischt man die gewünschte Grundfarbe in ausreichender Menge, nicht wässerig dünn, sondern deckend. Durch das Zusetzen von mehr oder weniger Plaka- oder Dispersionsweiß wird ihre Tönung gebrochen. Die ungebrochenen Farben sind scharf, grell, plakatmäßig und für das Malen auf Holz nur selten verwendbar. Mit ihnen ein harmonisches Zusammenklingen zu erzielen, ist schwierig. Zunächst werden Kanten bzw. Zargen im gemischten Grundfarbton bemalt. Um ein Tropfen zu verhindern, streicht man anschließend nochmals mit dem Pinsel darüber. Sperrholzkanten könnten auch porös sein; dann empfiehlt sich nach dem Trocknen ein weiterer Anstrich. Zum Trocknen legen wir das Holz leicht schräg.
Wesentlich bestimmend für den Gesamteindruck des Gegenstandes ist seine *Farbigkeit.* Da die Farbe in mehreren Schichten übereinander aufgetragen wird, noch allgemeine Hinweise: Komplementäre, also stark auseinanderwirkende Farben, wie Rot und Grün, Gelb und Violett, müssen, um günstig zu wirken, mit besonderer Sorgfalt gewählt, das heißt am besten mit anderen Farben, etwa das Grün leicht mit Rotbraun, oder mit Weiß vermengt werden. Graue Farbtöne sind oft nützlich, um die Leuchtkraft anderer zu heben. Grau mischt man nicht nur aus Weiß und Schwarz. Es kann unter entsprechender Beimengung nach Rot, Grün oder Blau neigen und ein abgerundet farbiges Grau ergeben. Mehr als 2–3 Farben sollen aber nicht miteinander vermischt werden. Farbe kann verschieden vermalt werden, wenn sie mit oder ohne Weiß, einmal dick, einmal halbdeckend oder lasierend vermalt wird. Schließlich hat aber über alle Hinweise und Ratschläge hinweg das eigene Farbempfinden die letzte Entscheidung zu treffen.
Die *Aufteilung der Motive*, z.B. Pflanzen, Tiere, Vögel in der gegebenen Fläche ist zu überlegen. Die Flächenfüllung, einmal locker mit großen Zwischenräumen, einmal dicht mit kleineren Lücken muß im Gleichgewicht sein. Sie richtet sich immer nach der Form des Gegenstandes; in eine runde Grundform malt man etwas nach allen Seiten Strahlendes oder Rundumgehendes. Alle Motive, die man zur Bemalung heranzieht, gleichgültig, ob sie aus dem Bereich Mensch, Tier oder Pflanze genommen sind, müssen in ihrer klarsten und augenfälligsten Erscheinung dargestellt werden; Verkürzungen können von Laien nicht bewältigt werden. Bei Pflanzen z.B. sind nicht nur Blüten als farbige Akzente für den Gesamteindruck wichtig, sondern auch eine rhythmische Anlage der Stiele, Zweige und Blätter.

V. Schablonendruck

1. FARBIGES GESTALTEN MIT SCHABLONEN

Heute erinnert man sich wieder mancher alter Techniken, die nahezu in Vergessenheit geraten waren, z.B. des Schablonierens, einer Technik, die es ermöglicht, Teilformen, z.B. ein Blatt, mit Hilfe einer Schablone beliebig oft zu wiederholen und mit anderen Teilformen auf verschiedene Weise aneinanderzureihen oder zu gruppieren. Früher gab es dafür undurchsichtige Schablonen aus dünnem Blech, die durch ihre Starrheit die Möglichkeiten der Arbeit sehr einschränkten. Heute gibt es Folien verschiedener Stärke und Festigkeit, die durchsichtig sind und damit die Arbeit bereichern und erleichtern können.

Benutzte man früher eine als Ganzes geschnittene Schablone, die dann unveränderbar blieb, so hat *Dr. Egon Kornmann* (der diese Technik neu entdeckt und weiterentwickelt hat) gezeigt, daß ein Motiv auch aus mehreren, einzeln geschnittenen Formen aufgebaut werden kann. Damit kommt Variabilität in den Aufbau, und es ergeben sich reiche *Gestaltungsmöglichkeiten:*

- Die Formen lassen sich beliebig oft auf Papier oder Stoff bringen, wobei *Reihungen* oder *flächenfüllende Muster* besonders reizvoll und „schablonengerecht" sind.
- Die Transparenz der Folie ermöglicht ein *genaues Plazieren* der Einzelteile.
- Die Schablone bietet den *Vorteil der Umkehrbarkeit* und damit die spiegelbildliche Zuordnung.
- *Überdeckungen,* wie etwa bei Blattbüscheln, die sonst beim Malen große Schwierigkeiten bereiten, lassen sich mit ihr leichter bewältigen.
- Die *farblichen Gestaltungsmöglichkeiten* sind reich.
- Der *dekorative Wert* und seine Wirkung sind einmalig; selbst die im Malen weniger begabten Kinder können bei dieser Technik Schönes zustandebringen, was wiederum die Freude am Gestalten fördert.

MATERIAL UND WERKZEUG

- Universalschneidemesser (Papierschneider) oder Scherenschnittschere
- Kartonunterlage für das Arbeiten mit dem Schneidemesser
- ein wasserfester Folienstift
- nicht zu dünne Folien (z.B. für Tageslichtprojektoren, kräftige Klarsichthüllen)
- Deckfarben, evtl. Temperafarben, Deka-Stoff-Farben, wenn auf Stoff gedruckt werden soll
- weiche Borstenpinsel verschiedener Größe, deren Haare auf gleiche Länge kurz zugeschnitten sind („Stupfpinsel")

- Zeichenpapier, für besondere Zwecke Aquarellpapier, glatten Stoff aus Naturmaterial
- flache Gefäße zum Anrühren und Mischen der Farben
- für den Stoffdruck ein flaches Stück Schaumstoff oder Filz, das als Stempelkissen verwendet wird
- Lappen oder Papiertücher zum Sauberhalten der Schablonen und Pinsel

ZUR TECHNIK

Der *Arbeitsverlauf* soll an einem Beerenzweig schrittweise erklärt werden: Man zeichnet zuerst mit Bleistift den Gesamtzweig auf Papier. Wichtig ist dabei die *klare Ausbreitung der Einzelteile,* wie Blätter, Stiele, Beeren. Ist der Entwurf gelungen, legt man die Folie darüber und zieht mit dem Folienstift eine der Teilformen nach, z.B. ein Blatt. Dasselbe geschieht mit den anderen Teilen, dem Ast, den Blattstielen, den verschieden großen Blättern usw; es wird also alles, was eine andere Farbe bekommen soll, einzeln geschnitten. Alle Formen können auf einer Folie von der Größe einer Postkarte untergebracht werden (Abb. 146). Allerdings sollte ein Abstand von wenigstens 2 cm zwischen den Formen eingehalten werden, damit später beim stupfenden Malen der Pinsel nicht in die benachbarte Form gerät und ungewollte Flecken erzeugt. Selbstverständlich kann man jede Teilform auch auf ein eigenes Folienstück zeichnen.

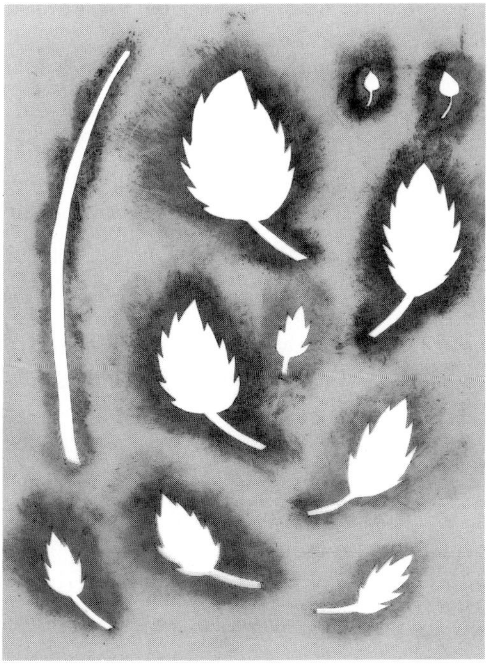

Abb. 146 Schablone für Ast und alle Blattformen der Abbildungen 146, 147 und 148

Abb. 147 Variationen

Nun schneiden wir die *Formen* aus, die geraden mit dem Schneidemesser, die gebogenen mit der Schere. Wird mit der Schere geschnitten, sollte man den ersten Einschnitt mit einem spitzen Messer in die Mitte der Form setzen. Bei kleineren Fehlschnitten ist Korrektur durch beidseitiges Überkleben mit Tesafilm möglich. Nach dem Schneiden aller Teilformen kann mit dem „Stupfen“ begonnen werden.

Die *Farbe* soll *so trocken wie möglich* benutzt werden, damit sie nicht unter die Schablone fließen kann. Ihre richtige Konsistenz finden wir durch Probieren auf Übungspapier. Der Stupfpinsel sollte nur wenig Farbe aufnehmen und keinesfalls zum Anrühren oder Mischen der Farbe dienen. Es ist günstig, überflüssige Farbe am Papiertuch abzustreifen.

Wir beginnen mit der *Astschablone,* die wir auf dem Papier gut festhalten, denn das Verrutschen würde die Form zerstören. Dann folgen die Blätter, zuerst die großen, dann die kleinen, deren Stiele aus dem Stielverlauf des Astes herausschwingen müssen (Abb. 146). Der Zweig kann, verkürzt oder verlängert, zu einer Ranke gefügt werden. Die Formen lassen sich auch anders zusammenstellen, wie in den Abbildungen zu sehen ist. Die Abbildungen zeigen eine Belebung durch Blüten und Beeren (Abb. 147 und 148).

Wenn die Schablone durch Farbe undurchsichtig geworden ist, kann man sie unter fließendem Wasser abwaschen und mit Lappen oder Küchenpapier vorsichtig abtupfen.

Es ist noch zu erwähnen, daß ein besonderer Reiz des Schablonierens darin besteht, die Farbe an den Rändern der Schablonen dichter aufzutragen und nach innen abklingen zu lassen. Das ist besonders hilfreich bei Überdeckungen, um das Hintereinandergeschichtetsein zu zeigen.

Die Technik des Schablonierens kann bereits im 3./4. Schuljahr praktiziert werden, wenn man sich auf eine einfache Hauptform und ein bis zwei Nebenformen beschränkt (Abb. 150).

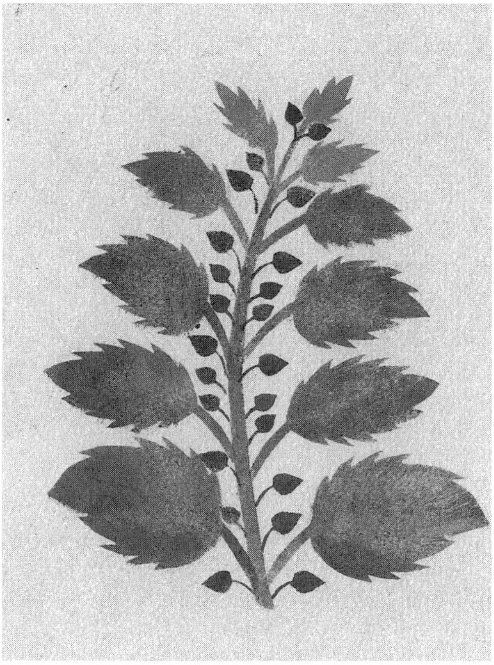

Abb. 148 Zweig mit Beeren, Variation zu Abb. 146

Abb. 150 Vogelzug (2 Beispiele), einzeln ausgeschnitten und gruppiert, 3. Schj.

Abb. 149 Stoffdrucke für Kissen (Quilt-Technik), 6. Schj.

Abb. 151 Wandbehang (Auschnitt aus Gemeinschaftsarbeit), 6. Schj.

Abb. 152 Bären-Bild (aus einer Illustrationsreihe zu einem Lied), 4. Schj.

Abb. 153 Vogel, 5. Schj.

Bewährte Themen: Geschenkanhänger, Lesezeichen, Glückwunschkarten, Schmuckpapiere (FT 8), Gestaltung von Sammelmappen, Faltbriefen und -schachteln; als Stoffdruck für Zierkissen (FT 8), T-Shirts, Umwelttaschen, Tischdecken; als größere Gemeinschaftsarbeit ein Wandbehang mit Wald oder Blumenwiese mit Getier u. a.

2. DER SIEBDRUCK

Siebdruck ist ein in der Schule wenig bekanntes Schablonendruckverfahren, das zur Herstellung von meist farbigen Plakaten und Einladungen verwendet werden kann.

Sein Vorteil besteht darin, daß man die einmal hergestellten Siebe immer wieder verwenden kann. Die technischen Möglichkeiten des Siebdruckes sind vielseitig, je nachdem, mit welchen Schablonen gedruckt wird, mit einfachen Papierschablonen, Folien-Schnitt-Schablonen, mit Lack-, Leim- oder Filmschablonen. Sie können hier nicht erschöpfend behandelt werden. Darum soll nur das Prinzip durchsichtig gemacht und auf einige Verfahren hingewiesen werden, die in der Hauptschule durchführbar sind.

Die ersten Druckversuche erfordern eine verhältnismäßig langwierige und gewissenhafte Vorbereitung.

Das Sieb mit Bodenbrett und Rakel sind die Geräte, die zum Siebdruck nötig sind. Sie sind im Fachhandel (z. B. Fa. Famos, Laupheim/Württ.) erhältlich, können aber auch im Werkunterricht des 8./9. Schuljahres hergestellt werden.

MATERIAL UND WERKZEUG für Sieb und Rakel

- *für den Rahmen:* Holzleisten in gewünschter Länge, 2,5–3,5 cm stark und passend breit, 4 Winkelverbindungen aus Metall, Schleifpapier, Lack; für das Bodenbrett eine Span- oder Holzplatte, 4 Scharniere und 2 Stifte
- *für das Sieb:* Siebdruckgaze aus Nylon, Perlon, Dracon oder Seide (besonders gut geeignet), Reißnägel, gummierter Papierklebestreifen, Lack
- *für die Rakel:* 2 Sperrholzbrettchen gleicher Größe, etwa 1 cm stark, ein schmaleres Brettchen als Zwischenlager in gleicher Stärke, 1 Gummiplatte in gleicher Länge und Stärke, so breit, daß sie nach unten ca. 3 cm übersteht, 2 Holzstifte.

Als erstes muß ein stabiler, verwindungsfreier *Rahmen aus Holz* hergestellt werden. Sein Format muß vor allem oben und unten erheblich größer sein als das Maß der zu druckenden Fläche, da die Farbe beim späteren Druck wechselseitig mit der Rakel über das Sieb gezogen wird und Raum für Farbreserve vorhanden sein muß. Er muß unbedingt plan aufliegen. Winkelverbinder aus Metall verstärken die Ecken. Nach dem Schleifen wird der Rahmen durch Lackieren geschützt.

Dieser Druckrahmen wird auf einem größeren ebenen *Bodenbrett mit Scharnieren* (2 am Rahmen, 2 auf dem Brett) und herausnehmbaren Stiften befestigt. So kann er beim Reinigen oder beim Mehrfarbendruck jederzeit ausgewechselt werden; ebenso wird paßgenaues Drucken erleichtert.

Die *Siebdruckgaze* wird einige Zentimeter größer geschnitten als die Rahmengröße. Sie muß sehr straff und gleichmäßig, ohne Knitter und Falten auf die Oberseite des Rahmens gespannt werden. Begonnen wird bündig auf einer Längsseite. Man setzt unter Straffen alle 2 bis 3 cm einen Reißnagel. Bevor man die Gaze auf der gegenüberliegenden Seite mit starkem Zug befestigt, ist es ratsam, sie gut anzufeuchten. Ebenso verfährt man mit den beiden übrigen Seiten. Vorsicht ist jedoch beim Spannen geboten, damit die Gaze an den Befestigungspunkten nicht einreißt. Danach wird die Rahmenoberseite, einschließlich der Reißnägel, überlackiert, nach dem Trocknen mit einem gummierten Papierklebestreifen abgedeckt und nochmals lackiert. Ebenso wird auf der Rahmeninnenseite zwischen Holz und Gewebe mit Papierklebestreifen abgedichtet und lackiert, um ein Austreten der Farbe beim Druckvorgang zu verhindern.

Als Werkzeug braucht man noch eine *Rakel* (Abb. 154), mit der die Farbe über das Sieb gestrichen und durch die nicht abgedeckten Stellen (also die gemeinten Formen) der Schablone gepreßt wird. Sie läßt sich ohne Mühe selbst herstellen. Man klebt und nagelt die Gummiplatte so zwischen die beiden Brettchen, daß sie nach unten etwa 3 cm übersteht. Das schmalere Brettchen füllt die Lücke. Abgerundete und geschliffene Holzkanten erleichtern die Handhabung und vermeiden eine Beschädigung des Siebdruckgewebes.

Zwei längere Holzstifte, seitwärts am oberen Ende angebracht, vermeiden beim Ablegen der Rakel am oberen Rand des Rahmens ein unfreiwilliges Eintauchen oder Hineinfallen in die Farbe.
Wie bereits erwähnt, handelt es sich beim Siebdruck eigentlich um ein Schablonierverfahren. Das Sieb bleibt an den zu druckenden Stellen offen, also farbdurchlässig, während das übrige Sieb mit verschiedensten Methoden farbundurchlässig abgedeckt wird. In der Regel hat man für jede Farbe ein Sieb. Für zwei Farben kann es in der Mitte auch geteilt werden. Bedruckt werden kann bei entsprechender Farbwahl fast alles: Papier, Holz, Metall, Glas, Porzellan, Keramik, Textilien u. a. Schablone und Druckfarbe müssen aber prinzipiell gegensätzliche Eigenschaften besitzen, z. B.: Bei einer Lackfarbe dürfen in der Druckfarbe keine Lösungsmittel enthalten sein. Bei wasserlöslichen Farben darf keine wasserlösliche Schablone benutzt werden.
Falls nach einem Entwurf gearbeitet wird, kann dieser unmittelbar auf der Unterseite des durchsichtigen Siebes mit Klebeband fixiert werden.
Nun einige *Schablonen zum Druck,* die verhältnismäßig einfach anzufertigen sind.
Die *Wachsschablone* ist schnell herzustellen. Die Zeichnung wird mit Wachskreiden auf das Sieb gesetzt. Falls mit wasserfesten Stiften gezeichnet wurde, könnte mit Siebdrucktempera oder Siebdruckwasserfarbe gedruckt werden. Die Verwendung von Wasserfarben hat den Vorteil, daß Werkzeug und Sieb mit Wasser gereinigt werden können. Die Wachskreidezeichnung wäscht man mit Reinigungsbenzin oder Terpentinersatz aus. Das Sieb kann für eine weitere Farbe oder einen neuen Druck benutzt werden.
Die *Papierschablone* ist ein Scherenschnitt, der auf die Unterseite des Siebes mit wasserlöslichem Leim geklebt wird. Er kann auch durch einen Rakelzug mit der Druckfarbe an das Sieb gebunden werden. Es entsteht ein negatives Bild, ähnlich dem bei der Wachsschablone. Der umgekehrte Weg ist natürlich auch möglich. Mit der Papierschablone ist nur eine kleine Druckauflage von 15 bis 20 Stück möglich.
Die *Lackschablone* ist leicht anzufertigen, sehr haltbar und deshalb besonders für hohe Auflagen geeignet. Die Schablone wird mit farblosem oder farbigem Lack abgedeckt. Aus gesundheitlichen Gründen ist jedoch das Auswaschen des Siebes mit Verdünner problematisch. Lösungsmittelhaltige Farben können nicht zum Druck benutzt werden.
Bei der *Leimschablone* dient als Abdeckmittel Fischleim mit Wasser verdünnt. Diese Art der Schablonenherstellung ist für die Schule besonders empfehlenswert, da zum Auswaschen des Siebes keine Chemikalien benutzt werden müssen. Natürlich sind zum Drucken wiederum nur Farben geeignet, die nicht wasserlöslich sind.

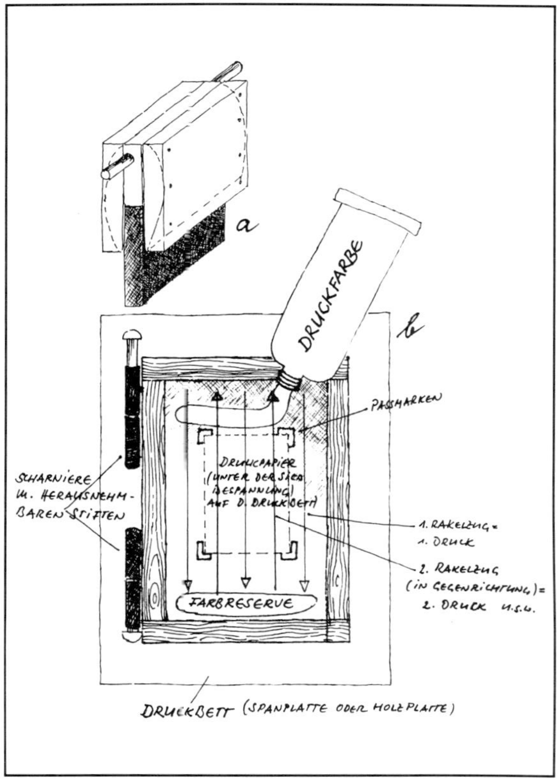

Abb. 154 Skizze mit Rahmen (b) und Rakel (a) – Abb. 155 Siebdruck eines Plakates DIN A3, 8. Schj.; Lackschablone: Im 1. Sieb wurden alle weißen Partien abgedeckt, der übrige Grund in tiefem Himmelblau gerakelt (es könnten umgekehrt auf blauem Papier alle blauen Stellen abgedeckt werden). Im 2. Sieb wird alles zugedeckt mit Ausnahme der Schrift „Hauptschule Wasserburg“. Man verwendet breite und feine Pinsel, um die Schrift herum einen Retuschierpinsel.

Das Druckverfahren

Die Siebdruckvorrichtung sollte von beiden Seiten zugänglich sein und muß entsprechend mit Schraubzwingen auf dem Arbeitstisch befestigt werden. Auf der Bodenplatte (Druckbrett) werden Paßmarken für das zu bedrukkende Papier angebracht (Tesaband), und das Papier wird eingelegt. Nun wird oben und unten über die gesamte Breite des Siebrahmens (Abb. 154) ein Streifen Druckfarbe so reichlich aufgestrichen, daß damit mehrere Drucke möglich sind. Die Rakel wird nun mit beiden Händen gleichmäßig unter leichtem Druck zügig über das Sieb gezogen. Der nächste Druck erfolgt mit der Farbreserve in der Gegenrichtung usw. Natürlich bedarf es einiger Versuche, bis man die Rakel gleichmäßig, mit der richtigen Farbmenge und dem richtigen Druck führen kann, damit die Ergebnisse zufriedenstellen. Dies hängt auch von der Spannung des Siebes ab.
Klebt das Druckpapier am Sieb fest, ist entweder zu viel Farbe durch das Sieb gedrückt worden oder es hat zu wenig Spannung. In diesem Fall könnte ein größerer Abstand vom Sieb zum Druckpapier helfen. Kleine Pappestreifen auf die Unterseite des Holzrahmens legen!

3. SPRITZMALEREI

Eine weitere, dem Schablonieren ähnliche, einfache Technik ist die Spritzmalerei. Wird die Schablone positiv aufgelegt, kann jeweils nur e i n e Hintergrundfarbe gespritzt werden. Negativ verwendet, lassen sich vielfarbige Gruppen zuordnen.

MATERIAL UND WERKZEUG
- gut saugendes Papier, z. B. Ingrespapier
- leichter Karton, biegsam und gut schneidbar, z. B. Aktendeckel, Heftumschlag
- für Negativspritztechnik: durchsichtige Folie, siehe Schablonieren
- Schere und Schneidemesser
- Stecknadeln
- Styroporunterlage zum Feststecken
- Wasser- oder Plakafarbe, oder
- Tusche oder Skribtol, oder
- Stoffmalfarben
- Mischdeckel
- Borstenpinsel oder Zahnbürste
- Tee- oder Kaffeesieb, besser spezielles Spritzmalsieb vom Fachhandel (z. B. Fa. Gerstäcker)

Abb. 156 Spritzmalerei in negativer Form; dabei verwendet man eine Schablone wie beim Schablonendruck (Abb. 146)

ZUR TECHNIK

Schon am aufgezeigten Materialbedarf kann man erkennen, daß es für diese Technik verschiedene Möglichkeiten gibt.

Für die einfachste Technik verwenden wir die *Positivschablone,* aus dünnem Karton geschnitten. Diese wird mit Stecknadeln an den Ecken und empfindlichen Stellen leicht auf das Zeichen- oder Ingrespapier (saugend!) gepickt. Als Unterlage dient eine Styroporplatte.

Im Mischdeckel wird ein *dicker Farbbrei* angerührt. Dabei ist darauf zu achten, daß die Farbe nicht zu wäßrig, aber auch nicht zu dickflüssig ist. Der Zustand der Farbe ist entscheidend. Er bestimmt die Feinheit der Farbtropfen. Darum ist ein vorheriges Üben unbedingt notwendig.

Mit dem Schablonierpinsel oder der Bürste wird wenig Farbe aufgenommen und reibend und schabend mit ca. 15 cm Abstand vom Papier über das Sieb gestrichen. Die starren Borsten federn zurück und spritzen die Farbe auf das Papier oder den Stoff. Ein spezielles Spritzsieb eignet sich, da es flach und nicht abgerundet ist, besser für größere Flächen.

Für den Farbauftrag kann man auch Tusche oder Skribtol verwenden.

Nach dem Trocknen und Abheben der Schablone bleibt das Motiv in der Farbe des Untergrundes, die Umgebung hingegen zeigt eine fein gespritzte Tönung in der gewählten Farbe. Dieses Verfahren läßt sich öfter wiederholen, wenn die Schablone dazwischen getrocknet wird.

Der Originalschnitt könnte noch, in Form eines Kartondruckes (siehe Drucktechniken), Verwendung finden.

Abb. 157 Spritzmalerei in positiver Form; dabei verwendet man eine Positivschablone aus dünnem Karton (Abb. 70)

Für die *negative Spritzmaltechnik* schneiden wir eine Folienschablone, wie bei der Schabloniertechnik beschrieben. Dabei wird jedoch die Innenform nicht ausgestupft oder gemalt, sondern überspritzt. Wichtig ist, auf genügend Abdeckpapier oder Folie rund um das Papier zu achten. Das ausgeschnittene Motiv erscheint gespritzt, die Grundfarbe des Papiers bleibt bestehen.
In dieser Technik läßt sich auch Stoff gestalten. Für große Flächen sollte man unbedingt in der Negativspritztechnik arbeiten.
Als Vorbereitung muß die Arbeitsfläche mit Zeitung abgedeckt werden; die Kinder ziehen einen Arbeitskittel (am besten ein altes, langärmeliges Herrenhemd) über, damit die Kleidung vor Farbspritzern geschützt ist. Wir nehmen nur wenig Stoffmalfarbe auf unsere Bürste, damit sie nicht kleckst. Bei der Verwendung verschiedener Farbtöne, auch bei einem Übereinanderspritzen, gehen wir immer von der hellsten zur dunkelsten Farbe, z.B. zuerst Gelb, dann Rot, dann Blau. An den Stellen, wo zwei Farbtöne aufeinandertreffen, entstehen neue interessante Mischtöne. Nach dem letzten Farbauftrag muß der Stoff getrocknet und von der Rückseite gebügelt werden.
In dieser Technik ist die Gestaltung von Karten, Briefpapier, Tischkarten, weihnachtlichen Sets und Tischdecken, allein oder in Gemeinschaftsarbeiten möglich.

VI. Ergiebige Themen

In diesem Abschnitt bieten wir eine Sammlung von bewährten ergiebigen Themen an, um dem Lehrer zu helfen, ein bestimmtes Thema für die jeweilige Lage seiner Schüler zu entdecken. Das Studium dieser Aufgabenreihen könnte auch zu neuen Einfällen anregen, wie wir überhaupt dazu aufmuntern möchten, klasseneigene Erlebnisse und ortsbezogene Ereignisse aufzugreifen.

EINZELFIGUREN
Groß zeichnen! Wenn eine Figur im Entwurf wirr oder armselig ausfällt, nicht am „lebenden Modell“ belehren, sondern mit allgemein hinweisenden Worten zunächst das Unstimmige oder Fehlende monieren! In der Grundschule kann man allgemein sagen: Ein Hals muß da sein. Ebenso sind zu fordern: Nase, Mund und Augen sowie zwei einzeln gesetzte Beine. Das ist wichtiger als man annehmen möchte. Auch „Bewegung“ nicht am Modell vormachen lassen, sondern allgemein andeuten, etwa auch mit klar die Sache treffenden Gesten.
Gärtner, Fischer, Angler, Jäger
Ziegen- oder Schafhirte mit Herde*
Maurer, Zimmermann, Schlosser, Schreiner
Maler, Pflasterer, Schornsteinfeger
Bäcker, Schneider, Schuster
Verkäufer, Briefträger, Zeitungsstand
Mutter bäckt, kocht, wäscht
Bäuerin füttert Geflügel
Frau/Kind mit Schirm
Kind mit Roller, in der Badewanne, unter der Dusche, krankes Kind
Wanderer mit Rucksack, Bergsteiger
Selbstbildnis, Profilkopf, Spiegelbild

Nils Holgersons Flug, Münchhausen auf der Kugel
Tischlein deck dich, Schneewittchen, Aschenputtel,
Goldmarie/Pechmarie, Prinz im Rosenhag

Hl. Franziskus mit den Vögeln, St. Georg, St. Martin

König, Bischof, Zauberer, Seiltänzer, Schlangenbeschwörer

MEHRFIGURENBILDER – ERZÄHLBILDER
Hauptsächlich für die Kinder bis zu etwa 12 Jahren, die noch einfache Formen echt bilden. Von der 7. Klasse an sollten diese figürlichen erzählenden Themen eher durch sachliche Aufgaben ersetzt werden. Grundsatz für alle

Fälle: Das Wichtige, eben das eigentliche Thema zuerst – und ausführlich groß; keine weite „Landschaft" mit kleinen Figürchen!

Märchenszenen und Sagen wie:
das schlafende Dornröschen, Hans im Glück, z.B. mit dem Schwein, Aschenputtel mit den Tauben*, Das tapfere Schneiderlein und die zwei Riesen
Der Rattenfänger von Hameln*
Eulenspiegelgeschichten wie „der Ritt durchs Geschirr"
Robinson-Szenen*

Biblische Themen wie:
die Arche Noah, Moses im Binsenkörblein
der Turmbau zu Babel, die Kundschafter mit der Traube
David und Goliath, David spielt vor Saul
Daniel in der Löwengrube

Verkündigung Mariae, an die Hirten, Geburt Christi
Die Heiligen Drei Könige, die Flucht nach Ägypten
Einzug in Jerusalem
Christophorus

Gemischte Themen wie:
Prozession*, Schützenzug*, Trachtenzug*, Faschingszug*, Schäfflertanz*, Ausflug*, Gartenfest*

Themen aus dem Sport wie:
Turnen am Barren, an den Ringen, an der Leiter
Tauziehen, Fußball
Floßfahrt, Kahnfahren, Pferderennen*
Radler, Rennfahrer, Schlittenfahrer

Marktszenen wie:
Flohmarktstandl, Teppichhändler, Obststand, Oktoberfest, Karussell, Maronibrater

Erntezeit:
Beerenpflücken, Blumenpflücken, Obsternte

Straße und Verkehr:
Straßenkreuzung, fahrender Zug, Kutsche, Oldtimer, Raumfähre, Ballonfahrt, Autoschlange, Verkehrsunfall
was man auf der Straße sieht, Straßenmusikanten, Plakatsäule

Im Haus:
Tischgesellschaft, Hausmusik, beim Karten- oder Mühlespiel, beim Fernsehen, beim Stricken, beim Laubsägen

TIERE

Von der Seite zeichnen! – Was zusammengehört, zusammenzeichnen: also Nacken-Rücken, Kehle-Hals-Brust-Bauch, aber nicht Kehle-Hals-Beine! Alle Beine zeichnen, und zwar frei, wie sie ja sind, kräftig ansetzend und dünn endend. Jüngere Kinder zeichnen von sich aus die ganze Tiergestalt additiv: zuerst die Leibesform, daran Hals und Kopf, dann die Gliedmaßen; auch den Jüngeren kann man je nachdem den Hinweis geben, daß Arme und Beine dick ansetzen und dünn ausklingen – wie bei allem Gewachsenen.

Haustiere und Wildtiere
Tierherden*
Hase im Kohl, springendes Eichhörnchen, schleichende Katze
Hühner auf der Leiter, Tauben mit Taubenschlag
Vogel im Nest, verschiedene Nester*

Tiere im Tiergarten wie Elefant und Kamel, Giraffe und Zebra
Elefant mit prächtigem Sattel und Thron, Elefanten im Zirkus

Fische, wobei das Aquarium als ausgeleiertes Thema nicht zu empfehlen ist; besser ein riesiger Hecht im Netz, eine wendige Forelle an der Angel
Frosch mit Fliege im Maul, Froschkonzert am Weiher*

Insekten wie Käfer, eine Spinne im Netz, Ameisen im Bau, Bienen am Flugbrett, gefräßige Wespen am Marmeladenteller

Tierfabeln wie: Der Bär und die Bienen, Der Fuchs und der Rabe

PFLANZEN, STRÄUCHER UND BÄUME

Selbstverständlich gestalten die Kleinen auch die Pflanze, den Strauch und den Baum nur „allgemein“, also in einfachen Grundzügen, während die mittlere Altersstufe bereits bestimmte Pflanzen zeichnen kann. Hier sind vielgliedrige Pflanzen wie Vergißmeinnicht oder Bachnelkenwurz leichter zu bewältigen als die scheinbar einfache Tulpe.
Sich dieses arg vernachlässigten, jedoch außerordentlich ergiebigen Gebietes wieder anzunehmen, wäre sinnvoll – im Zeitalter der Umweltzerstörung und eines Wirklichkeitsverlustes ohne Maßen.

Im Frühjahr:
Zweige von Apfel, Kirsche, Schlehe, Flieder
Pflanzen wie Löwenzahn, Huflattich, Buschwindröschen und Beinwell

Im Sommer:
Gräser, blühende Heckenrosen-, Holunder- und Himbeerzweige, Linden- und Eichenzweige (blühend und fruchtend), Sommerblumen wie Akelei und Lilien, Wegwarte und Wiesensalbei

Im Herbst:
Weinrebe mit Trauben, Ebereschen mit Früchten
Maiskolben und Silberdistel

Ganze Schautafeln als Gemeinschaftsarbeiten ließen sich für die Schule gestalten unter dem Gesichtspunkt: Unser Wald, Pflanzen im Schulgarten, Heilpflanzen, Pflanzen am Weg.

Nicht zu vergessen sind: Blumenstrauß, Blumenkranz und Blumenkorb, Wiese und Rasenstück als vorzügliche Malthemen für alle Altersstufen.

RAUM- UND KÖRPERHAFTES ZEICHNEN

Eigens gefördert von der 5. Klasse an. – Nie das Lineal benutzen, keine Proportionen von Kanten und Seiten messen lassen, sondern zum unmittelbaren Erfassen des Flächen- und Körperformates anleiten. Konstruktion nur im äußersten Fall und als gelegentliches Regulativ; zuvor die unmittelbare, sehr vernachlässigte Fassungskraft des Auges nutzen! – Die Farbe spielt hierbei keine große Rolle; räumliches Zeichnen ist Sache von Bleistift und Feder.

Liegendes Quadrat, quadratische Tischplatte
Würfel
Heft mit Schild
Backstein, Schneidebrett
entstehende Mauer, Baukästen, Kaufladen, Bauchladen
Werkzeugkasten, Nähkasterl, Schuhputzkasten, Schatztruhe
Hobelspäne, beidseits verschiedenfarbige geschwungene und verschlungene Papierstreifen
Schwimmbad mit Kabinen, Straßenecke
unser Wohnhaus, mein Traumhaus, das Schulhaus, ein Gartenhaus, ein Fachwerkhaus
Kirchen und Kapellen
Hafenanlagen, Pfahlbauten
gedeckter Eßtisch, Gabentisch, mein Schreibplatz, Tablett mit Eßwaren, Teewagen
Schaufenster, Postschalter
Vogelkäfig, Futterhäuschen, Taubenhaus, Wetterhäuschen
Burg, alte Stadt, Bauernhof, Türme unseres Ortes*, unserer Umgebung*, die verschiedenen Turmarten (Satteldach, Dachreiter, Spitzhelm, Zwiebelhaube).

SACHLICHES ZEICHNEN

Hauptsächlich für die Hauptschule, wo es im gewissen Grad an die Stelle des phantasiemäßigen und figürlich erzählenden Zeichnens tritt. Für Federzeichnen vor allem!

Haushalts- und Küchengeräte
Entdeckungen auf dem Flohmarkt
Schuhputzgeräte, Gartengeräte, Werkzeug aus dem Werkzeugkasten
Geräte der Vorzeit (Museumsbesuch!)
Schlüsselbund, Hosentaschen- (Taschen-)Inhalt, Schreibmäppchen, Nähzeug, Geldbeutel mit Inhalt

Kleider
Hüte und Mützen
Frisuren am Kopf
Früchte (Samen) des Herbstes
gefülltes Einkaufsnetz
Musikinstrumente
Brennholzstoß, Hackstock mit Beil
gelagerte Baumstämme, faseriges Holz, schöne Maserung, Rinde
Flechtwerk und Körbe
Rauch, Wellen, Tierfelle

DEKORATIVES

Einfach klares, auch elementares (sog. „geometrisches“) Ornament ist oft besser als kompliziert erfundenes und angehäuftes. Es kommt weniger auf die originelle Erfindung an als auf sinnvolle Ordnung im Gebilde. Die „Zierform“ hat in der Kinderzeichnung keine wesentlich andere Struktur als etwa die gut gezeichnete „natürliche“ Form einfacher Ordnung.

Gute Umrißformen erarbeiten; symmetrische im Faltschnitt schneiden
Apotheker-, Wirtshaus-, Zunftschild, Wappen, Heftschild
Türbeschläge
Wetterfahne, Sonnenuhr
schöne Kleider, schöner Schmuck
bemalter Schmuck
Albumblatt, Stundentafel, Glückwunschbrief, Tisch- und Speisekarte, Einladungskarte, Programm
schöne Schrift bei vielen Gelegenheiten
Initialen
Titelblatt für Arbeitsmappen, Lesezeichen
Arbeiten für Schulfest und Puppenspiel

JAHRESZEITLICHE THEMEN

Faschingsmasken, -figuren, Faschingsprinz und -prinzessin, Faschingszug
Palmbuschen, verziert nach Brauch
Osterkorb, Osterlamm mit Fähnchen, Osternest, Ostereier, Osterkarte
Maibaum
Camping, Baden, Rudern, Paddeln, Segeln, Surfen
Erntekrone, Erntedank, Almabtrieb
Obststand, Obstkorb, Obstschale
Oktoberfest, Musikkapelle, Schaukel, Karussell, Achterbahn, Geisterbahn, Dultstand, Würstelbrater, Ballonverkäufer
geschmückter Bierwagen, Drachensteigen
bunter Blätterzweig mit Früchten, Herbstblumen und -pflanzen
Allerseelen, geschmücktes Grab, schmiedeeisernes Kreuz
Wildfutterstand, Vogelfutterhaus, Pferdeschlitten
Adventskalender*
geschmückte Nikolausrute, Nikolaus und Ruprecht
Plätzchenbacken
Weihnachtsmarkt
geschmückter Christbaum, Weihnachtsengel, Gabentisch am offenen Kamin

* *Vorschläge für Gemeinschaftsarbeiten*

Stichwortverzeichnis

(o/m/u bedeutet die Stellung auf der jeweiligen Seite)

Bildnachweis

Aus dem Unterricht von:
Airainer, Wasserburg FT 6/u; Bareis, Augsburg 77; Ederer, Penzberg 31, 113, 114, 115, FT 2, FT 6/o; Giel, München 96; Handerer, Lindau FT 1; Hanauer, Utting 139, FT 8/o li; Hauck, Neckargemünd 78–81; Hemmer, Wasserburg 17, 26, 49, 93, 140, 154, 155, FT 3; Hiltmann, Grafrath FT 8/m; Hoefer, Murnau 84, 143; Kaltenecker, Finning 37; Keck, Friedrichshafen 76; Kempf, München 13, 16, 30, 39, 97, 144; Klumpp, München/Iffeldorf 25, 27, 51, 99–102, 107, 109, 116, 117, FT 4/r, FT 5; Koch, München 40; Koller, Inning 144; Koranda, Ravensburg 65, 66–69, 82, 83; Kraus, Penzing 118, 119, 145; Linder, München 18, 65, 98, 108; Mayer-Firgau, München 87, 112; Sr. Mayr, München 133; Michalski, München FT 7/li; Miedl, Linz/Österreich 33; Müller, München FT 7/re; Oberndorfer, Landsberg 88; Pirkl A., München 28, 95, 110; Pirkl M., München 20; Rademacher, Straubing 42; Reindl, München 24, 50, 53, 94, 98; Schäfer, Grafrath 121; Seidenschnur, Winden 146–148, 152; Siebler, Finning 124, 125; Weidenhiller, München 141; Weindl, Velden/Schondorf 11, 14, 15, 19, 21–23, 32, 36, 38, 54, 61, 73, 105, 127, 128, 137, 138, FT 2, FT 4/li; Wintergerst, Penzing 35, 55, 56, 72, 92, 103, 104, 106, 122, 126, 144, 149–151, 153, FT 8/u; Ziegler, München 52, 63, 64, 93, 142, 144, Titelabbildung; aus dem „Gestalt-Archiv Hans Herrmann“, Schondorf 1–10, 12, 34, 41, 43, 44–48, 57–60, 62, 70, 71, 73–75, 85, 86, 111, 120, 129, 156, 157